COLLECTION

DE RÉSUMÉS

DE L'HISTOIRE

DE TOUS LES PEUPLES,

ANCIENS ET MODERNES.

PARIS, IMPRIMERIE DE DECOURCHANT,
Rue d'Erfurth, n. 1, près l'Abbaye.

RÉSUMÉ

DE L'HISTOIRE

DES JUIFS

MODERNES,

PAR LÉON HALÉVY

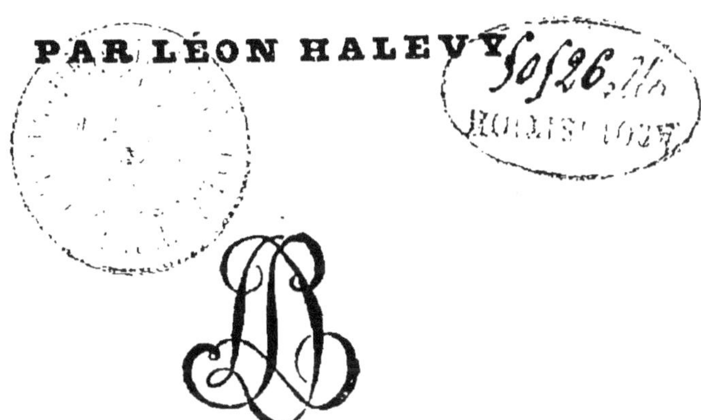

A PARIS,

CHEZ LECOINTE, LIBRAIRE,

QUAI DES AUGUSTINS, N° 49.

1828.

PRÉFACE.

Il n'est pas encore bien prouvé si cette école historique, nouvellement créée, qui consiste à nous repaître des vaines images du passé, sans profit pour la société ni pour la morale, est préférable à l'école des Hume, des Voltaire, des Montesquieu, des Daru, des Villemain, des Guizot, qui, à une peinture moins microscopique des faits, joint les leçons, bien autrement précieuses, du philosophe et du moraliste. C'est à nos yeux un point encore douteux ; mais ce que nous regardons comme hors de doute, c'est que la première manière d'écrire l'histoire, celle qui, à défaut de génie, ne demande chez l'historien qu'une sorte de patience puérile et une érudition de bénédictin, convient beaucoup mieux à un siècle conteur et bavard, comme le nôtre, qui se jette à corps perdu dans les longs et minutieux récits du passé, avec cette curiosité futile, cet amour du commérage domestique et historique, qui semblerait appartenir à la décrépitude des nations comme à celle des individus.

Cependant quel que soit le discrédit réel jeté sur les choses vraiment sérieuses à une époque où la prétention au grave et au sérieux est poussée néanmoins jusqu'au pédantisme, il est assez d'esprits qui protestent contre la direction fausse qu'on voudrait donner à notre temps (et le succès des Résumés historiques en serait au besoin une preuve) pour qu'une excursion dans ces champs de l'histoire philosophique, si richement explorés par tant d'hommes illustres, trouve encore quelques approbateurs. D'ailleurs, dans le sujet qui m'a occupé, le fond demandera grâce pour la forme; il s'agit des Juifs modernes, dont l'histoire est peu connue. Cette histoire n'existait pas (car on ne peut donner ce nom au savant mais indigeste ouvrage de Basnage); il m'a fallu la rassembler dans beaucoup de matériaux épars, et peut-être mon travail offrira-t-il cet attrait de curiosité si puissant de nos jours.

Peut-être aussi ai-je fait un livre utile. Il le sera certainement sous ce rapport que j'aurai prouvé aux Chrétiens fanatiques (s'il en est encore) ou aux Chrétiens peu éclairés (ce qui est plus commun) que les Juifs sont non-seulement des hommes, mais des hommes utiles, actifs, d'une organisation distinguée, dignes de la liberté, et qui ont beaucoup fait pour elle, et aux Juifs, que si le temps leur assure de nouveaux droits, il leur impose aussi de nouveaux devoirs.

Comme je ne veux pas que l'on me suppose une science que je n'ai pas, je dois déclarer ici que j'ai le malheur d'ignorer l'hébreu, et que dans les jugemens que je porte sur les ouvrages des rabbins, je n'ai pu me former une opinion que d'après les traductions latines qui existent de beaucoup de ces ouvrages. Pour ceux qui n'ont pas été traduits, je parle d'après les lumières d'hébraïsans qui ont bien voulu m'aider de leurs conseils, et dont l'avis peut faire autorité sur ces matières.

Quant aux notes, qui se trouvent en assez grand nombre, la plupart sont nécessaires; elles renferment des détails qui auraient trouvé moins commodément place dans le texte: j'espère qu'on les lira.

RÉSUMÉ

DE L'HISTOIRE

DES JUIFS

MODERNES.

❖❖❖❖❖❖❖❖❖❖❖❖❖❖❖❖❖❖❖❖❖❖❖❖❖❖❖❖❖❖❖❖

PREMIÈRE ÉPOQUE.

ÉTAT DES JUIFS APRÈS LA RUINE DE JÉRUSALEM,
JUSQU'AUX EMPEREURS CHRÉTIENS.

APRÈS la destruction de Jérusalem, les Romains, qui abusaient de la victoire avec d'autant plus de violence qu'elle leur avait plus coûté, vendirent tous les Juifs qui avaient échappé au massacre, et les répandirent en Egypte, en Italie, et dans toutes les autres parties de l'empire. Ces Juifs, ainsi que ceux qui restèrent, en assez grand nombre, dans la Judée et à Jérusalem, furent désignés sous le nom de *Juifs d'Occident*, par opposition à ceux qui s'étaient établis à Babylone, dans la Chaldée, dans l'Assyrie et dans la Perse, et qu'on nomma *Juifs d'Orient*. Les chefs des Juifs de l'Occident, qui avaient leur résidence dans la Judée, prirent le titre de *Patriarches*; les chefs des Juifs d'Orient s'appelèrent *Princes de la Captivité*.

Les fonctions *patriarcales* n'étaient ni sans importance ni sans dignité. Le grand patriarche portait dans les édits des empereurs le titre d'*Illustre* (*Clarissimus*). Il percevait le tribut des synagogues; il en nommait les chefs; il avait le droit d'en ériger de nouvelles, avec l'autorisation de l'empereur, qu'on lui refusait rarement. A l'exception du droit de vie et de mort, il jouissait sur les Juifs d'une autorité suprême. Il était chef du Sanhédrin, et des deux fameuses académies de Tibérias et de Hydda. Le peuple le révérait comme le conservateur du culte et le flambeau de la religion.

Ce fut par un de ces patriarches,

Juda le Saint, fils de Siméon, qui vécut sous trois empereurs (Antonin le Vieux, Marc Aurèle et Commode), que fut composée la *Misna* ou seconde loi. C'est un code du droit civil et canonique des Juifs, qui donna à son auteur une renommée immense, et qui jouit parmi les Juifs de la plus haute vénération.

On n'est pas d'accord, ni sur le commencement, ni sur la durée de la dignité patriarcale. Selon les Juifs, elle ne commença que trente ans avant la naissance de Jésus-Christ, par Hillel le Babylonien, et finit par Juda, fils de Siméon III.

Le premier *prince de la captivité* qui nous soit connu s'appelait *Huna*. (Il est inutile de faire remarquer la beauté poétique de cette dénomination.) *Huna* était contemporain de Juda le Saint. Il gouvernait les Juifs de Babylone vers la fin du deuxième siècle. Du moment que cessa l'indépendance du gouvernement de la Judée, les Juifs de Babylone et les réfugiés d'Egypte, qui jusque là avaient reconnu la suprématie du souverain sacrificateur à Jérusalem, mirent à leur tête un chef particulier, issu de la maison de David.

Les princes de la captivité étaient de véritables souverains, quant aux affaires personnelles des Juifs. Leur pouvoir s'étendait sur tous les Juifs répandus dans l'Assyrie, dans la Chaldée et dans la Parthie. Ils conféraient l'ordination à tous les chefs des synagogues d'Orient. Ils en percevaient les contributions nécessaires au soutien de leur dignité et à l'acquittement des tributs qu'exigeaient d'eux les rois de Perse.

Cette souveraineté subsista jusqu'au onzième siècle, où elle s'éteignit. Les célèbres académies de l'Orient se fermèrent. Le peuple et les disciples se réfugièrent en Occident, et particulièrement en France. Les princes de la captivité perdirent leur pouvoir par la désertion des peuples et l'oppression des Infidèles.

Les plus fameuses des académies que fondèrent les princes de la captivité, furent celle de *Nahardia*, qui subsista depuis l'an 130 jusqu'à l'année 278 de l'ère chrétienne ; et celle de Sora, qui s'établit plus tard. Ce fut de ces académies que sortirent Jochanan et Rabbi Asé, dont le premier composa le Talmud de Jérusalem (corps de droit canonique et de tradition), deux cents ans environ après la destruction du Temple. Le second, aidé de Raba et d'Abay, se chargea, à Sora, l'an 5oo ou 5o2, de compiler le Talmud de Babylone, plus complet et plus estimé que le premier.

La destruction de Jérusalem augmenta considérablement la population juive, déjà nombreuse en Egypte. L'arrivée de ces fugitifs éveilla les craintes de Vespasien. Il ordonna au gouverneur de l'Egypte de fermer le temple qu'avait bâti Onias. Il s'ensuivit une révolte qui coûta la vie à des milliers de victimes.

Rien n'égale les vexations dont furent accablés les Juifs d'Egypte sous le règne de Domitien. Juifs et Chrétiens étaient traités du reste avec la même barbarie. Le désespoir produisait la révolte qui amenait de nouvelles tortures. Les Juifs eurent quelque relâche sous

Nerva; mais sous Trajan (l'an 115), ils se soulevèrent contre les Egyptiens. Après quelques avantages, ils furent obligés de s'enfuir à Alexandrie, où on les égorgea pêle-mêle avec tous ceux de leur nation qui y demeuraient depuis de nombreuses années. Il se fit entre les Romains et les Juifs une horrible réciprocité de massacres; et la Libye se trouva tellement dépeuplée, qu'Adrien plus tard fut obligé d'y envoyer une colonie pour l'habiter.

Parmi plusieurs imposteurs qui apparurent en Judée, et se donnèrent pour le Messie, il faut distinguer Coziba, qui prit le nom de Barchochba (*le fils de l'Etoile*), vers l'an 133 de Jésus-Christ, seizième du règne d'Adrien. Coziba parvint à réunir une armée nombreuse; il se fit sacrer roi à Bither, fit battre monnaie à son effigie, et se déclara le sauveur d'Israel. Quand Adrien vit que cette révolte prenait un caractère redoutable, il fit venir d'Angleterre Jules Sévère, qu'il envoya contre les rebelles. Jules Sévère n'osa les attaquer en pleine campagne; il leur fit une guerre de détachemens, leur coupa les vivres, et parvint enfin à mettre le siége devant Bither. La ville fut prise : *le fils de l'Etoile* fut tué. Une immense quantité de disciples placés dans les colléges qui se trouvaient en grand nombre dans la ville, furent liés avec leurs livres, et jetés ainsi dans le feu. Le célèbre docteur Akiba, qui avait cru à la mission de l'imposteur, fut écorché avec un peigne de fer. Adrien fit battre des médailles en l'honneur de cette victoire.

Antonin traita les Juifs avec douceur. Il révoqua la défense qui leur avait été faite de circoncire leurs enfans, et qui avait produit beaucoup de révoltes et d'émeutes. Marc-Aurèle ne les traita pas en philosophe. Quelques-uns des Juifs de l'Orient s'étaient joints aux Parthes, alors en guerre avec Rome. Après la défaite de Vologèse, leur roi, Marc Aurèle porta la désolation parmi les Juifs de Babylone, de la Mésopotamie et de la Médie. Plus tard il punit cruellement les Juifs de Syrie d'avoir aidé dans sa révolte Cassius, l'un de ses généraux, qui avait pris le titre d'empereur de cette province.

Sous les règnes de Commode, de Pertinax et de Julien, il ne se passa rien de remarquable pour les Juifs. Le règne de Sévère leur fut très-favorable. Ils avaient montré leur dévoûment à ce prince, en refusant leur assistance à Piscennius Niger, qui voulait se faire déclarer empereur de Judée; aussi les combla-t-il de ses faveurs. Loin de porter aucune atteinte à leur religion, il leur permit d'exercer les charges de l'état, et même les fonctions de tutelle à l'égard des Romains. Enfin ils furent reconnus citoyens de Rome. Caracalla ni Macrin ne changèrent rien à ces dispositions bienveillantes. Héliogabale était circoncis lui-même, et suivait plusieurs des rites judaïques. Sous Alexandre Sévère, l'état des Juifs s'améliora encore, s'il était possible. Ce prince fut leur protecteur si déclaré, qu'on l'appelait en plaisantant *chef de la Synagogue*. Sous les règnes suivans, jusqu'à Constantin, ils continuèrent de jouir de la tolérance et du repos.

Les Juifs d'Orient ne furent pas

moins heureux sous le règne du roi de Perse, Artaxerce, contemporain d'Alexandre Sévère. Ce prince aimait les Juifs et surtout les rabbins. Son fils Sapor les traita d'abord avec bonté ; mais la jalousie qu'ils inspirèrent aux Perses le força de les persécuter.

Ce fut à cette époque que vécut la fameuse reine de Palmyre, Zénobie, épouse d'Adénas, la captive d'Aurélien. Cette reine conquérante, qui s'illustra par l'énergie de son caractère et la force de son génie, était juive.

DEUXIÈME ÉPOQUE.

ÉTAT DES JUIFS SOUS LES EMPEREURS CHRÉTIENS, JUSQU'AU QUATRIÈME SIÈCLE.

Les Chrétiens, devenus puissans, oublièrent bientôt qu'ils avaient été persécutés, pour devenir persécuteurs. Constantin se signala à l'égard des Juifs, par des édits cruels et intolérans ; défense fut faite à tout Chrétien de se faire Juif, et à tout Juif de recevoir son abjuration. Constance, son fils, les surchargea de taxes et d'impôts ; il leur défendit, sous peine de mort, d'épouser des Chrétiennes, et leur interdit même l'entrée de Jérusalem, leur antique capitale. Aussi, lorsqu'il fut obligé d'aller en Hongrie livrer bataille à Magnence, les Juifs d'Orient se joignirent-ils aux Perses pour attaquer Nisibe et Diocésarée, témoignant ainsi leur haine aux

Romains, qui opprimaient leurs frères, et leur reconnaissance aux Perses, qui les traitaient avec beaucoup de douceur et d'humanité.

Le règne de Julien leur fut plus favorable. Ce prince les déchargea des énormes taxes qui pesaient sur eux ; il leur permit de rebâtir le temple de Jérusalem, et l'ouvrage était déjà commencé, lorsque sa mort, dans son expédition contre les Perses, et l'élévation au trône de Jovien, leur ennemi déclaré, arrêtèrent cette entreprise ; mais Jovien ne fit que passer sur le trône. Valens rétablit dans ses états une entière liberté de conscience. Ce prince et Valentinien maintinrent les Juifs et leurs patriarches dans tous leurs priviléges, que confirma après eux Arcadius. Maxime, dans son règne passager, les protégea. Il ordonna que leurs synagogues, qu'on avait brûlées à Rome, fussent rebâties. Théodose voulut maintenir cet édit, que lui fit révoquer le fanatique et fougueux saint Ambroise.

EMPIRE GREC PENDANT LE CINQUIÈME SIÈCLE.

La plupart des édits publiés par les empereurs dans le siècle précédent furent confirmés; mais le peuple, excité par le clergé, ne cessait de provoquer des persécutions nouvelles. A la fête d'Aman ou d'Esther, les Juifs avaient coutume d'élever un gibet et d'y attacher la figure d'Aman. Les Chrétiens voulurent reconnaître Jésus dans cette effigie. On prétendit de plus qu'au même gibet les Juifs attachaient un enfant chrétien, et le fouettaient jusqu'à ce que mort s'ensuivît. Les Chrétiens de Constantinople s'armèrent, pillèrent les synagogues des Juifs et leurs maisons; ceux-ci repoussèrent la force par la force. Théodose II publia un édit sévère contre les agresseurs; mais le clergé eut assez d'empire pour le faire révoquer et pour obtenir la destitution du préfet du prétoire, qui avait conseillé cette mesure. Ce triomphe fut le signal de la persécution la plus violente. Les Chrétiens signalèrent leur zèle religieux par la rapine la plus effrénée. Les maisons, les synagogues furent pillées avec la ferveur la plus édifiante.

Le peu d'accord qui régnait alors entre les diverses sectes chrétiennes donna heureusement quelque repos aux Juifs. Ils avaient le temps de respirer pendant que les évêques s'appelaient entre eux, *hérétiques, juifs, gentils et manichéens.*

C'est sous le règne de Théodose II, l'an 429, que la dignité de patriarche fut abolie.

Beaucoup d'évêques, qui pendant leur vie avaient persécuté les Juifs, firent après leur mort de grands miracles qui produisirent des persécutions nouvelles. D'autres trouvèrent plus simple d'en faire de leur vivant; mais de tous ces miracles, le plus grand et le plus réel fut la constance des Juifs, et ce principe de force et de vie qui semblait les mettre à l'épreuve de l'anéantissement et de la destruction.

EMPIRE D'OCCIDENT (CINQUIÈME SIÈCLE).

Honorius, qui gouvernait l'empire d'Occident, publia un édit qui fait honneur à sa mémoire. Il déclara *que la gloire d'un prince consiste à laisser chaque communauté religieuse jouir tranquillement des droits qui lui sont acquis; et que lors même qu'une religion n'est pas approuvée par la conscience d'un souverain, il n'en doit pas moins lui laisser tous ses priviléges.* Conformément à ces principes, il défendit qu'on renversât ou qu'on pillât les synagogues, et qu'on obligeât les Juifs à violer le repos du jour du sabbat.

L'irruption des Vandales, peuple féroce qui n'avait aucune idée de tolérance religieuse, ne fit cependant éprouver aux Juifs que les désordres inséparables des grandes révolutions. Ils conservèrent le libre exercice de leur culte, et purent comme auparavant se livrer au commerce et à l'industrie.

Lorsque les Goths s'emparèrent de l'Italie, les Juifs trouvèrent également protection chez ces rois barbares. Théodoric les défendit contre les outrages des peuples et des ecclésiastiques. Il suivit les maximes que lui avait inspirées son secrétaire Cassiodore, *de ne contraindre personne, parce que toute vio-*

lence en matière religieuse est criminelle.
Aussi Théodoric censura-t-il le sénat,
pour avoir permis au peuple romain de
brûler une synagogue. Il réprimanda
ensuite fortement les ecclésiastiques de
Milan, qui s'étaient emparés d'un temple juif, et les citoyens de Gênes, qui
voulaient détruire tous les priviléges de
cette nation, et qui se plaisaient à prouver leur ferveur chrétienne par le pillage des synagogues.

TROISIÈME ÉPOQUE.

SITUATION DES JUIFS EN ORIENT, DEPUIS LE SIXIÈME SIÈCLE JUSQU'AU DIX-SEPTIÈME.

———

PENDANT soixante ans les académies fleurirent en Orient sous la direction de Rabbi Asé. Ce fut lui, comme nous l'avons dit, qui commença la collection du *Talmud* de Babylone [1]. Il mourut à l'âge de soixante-quatorze ans, et son fils Marimar, ou, selon d'autres, Rabbi Huna, devint président des académies, ou prince de la captivité, l'an 455. La

[1] *Le Talmud de Babylone* comprend, comme celui de Jérusalem, la *Misna* (ou seconde loi) et la *Ghémare*, ou commentaire qui sert de complément au texte. La *Ghémare* de Rabbi Asé, comme celle de Jochanan, qui fait partie du premier Talmud, est un recueil de sentences, de paraboles et de décisions des plus illustres docteurs de la loi juive.

composition du Talmud fut interrompue par une persécution de soixante-treize ans : elle fut violente. On défendit aux Juifs de célébrer le jour du sabbat : les synagogues furent fermées ; on les donna aux Mages ; les premiers docteurs de la nation furent empoisonnés, fouettés, torturés, mis à mort, sans qu'on pût ébranler leur constance et les amener à une apostasie ; mais un grand nombre de Juifs, qu'effraya la violence des tortures, abjurèrent leur religion.

Ce fut vers la fin du cinquième siècle qu'on vit naître un nouvel ordre de docteurs, appelés *Douteurs* ou Séburéens, à la tête desquels fut Rabbi José. Ces Pyrrhoniens juifs se firent détester de la nation. Faisant profession de douter de tout, ils refusèrent de reconnaître, comme tous leurs frères, l'infaillibilité du *Talmud*.

Les historiens parlent encore ici d'un peuple appelé *Nephtalites*, avec léquel Pérosès, roi de Perse, s'engagea dans une guerre malheureuse où il périt. Plusieurs critiques veulent que ce peuple fût de la race juive, de la tribu de Nephtali, que Tiglat-Piléser avait transportée sur les frontières de la Perse.

Le sixième siècle commença par une persécution violente qu'essuyèrent les Juifs et les Chrétiens d'Orient. Le roi de Perse, Cavades, qui ne pouvait souffrir la diversité de religions dans ses états, fit couper les jarrets à une infinité de Chrétiens, qui n'en marchèrent pas moins pour cela. Les Juifs sans jarrets ne furent pas si heureux, et se résignèrent à marcher sur des béquilles.

Chosroès le Grand ne leur fut pas plus favorable que son père. Ils essayèrent en vain de gagner son amitié en l'excitant à rompre définitivement avec l'empereur Justinien, et en lui promettant, s'il voulait continuer la guerre, de lever cinquante mille hommes en Judée, pour enlever Jérusalem aux Romains, à condition que cette ville serait remise aux Juifs, et que le temple se relèverait de ses ruines. Malheureusement les négociateurs, qui étaient partis pour la Judée dans le but de préparer cette entreprise, furent pris et mis à mort par les Romains. Chosroès n'en fit pas moins des incursions en Syrie et en Palestine. Mais il ne ménagea pas plus les Juifs que les autres habitans : ils éprouvèrent toutes les violences de la conquête. Ceux de Perse ne furent pas mieux traités : on ferma leurs écoles ; et le prince de la captivité fut obligé de se réfugier en Judée.

Hormisdas III leur rendit tous leurs priviléges. Il rouvrit leurs académies, et entre autres la célèbre école de Pumpédita, où enseignait le rabbin Chanan Méhischka, le premier qui prit le titre de *Gaon*, nouvel ordre de docteurs connus sous le nom de *Gaonims* (sublimes ou excellens). Malheureusement, Hormisdas ne régna que douze ans. Son fils Chosroès II le tua à coups de bâton. Attaqué à son tour par son propre fils, Varame, qui lui disputait le trône, il triompha de cette révolte, et punit cruellement les Juifs qui en avaient été les principaux soutiens. Il en fit périr un nombre immense. Il se réconcilia cependant avec eux, et ils le secondèrent puissamment dans son expédition de

Palestine, où, s'il faut en croire les historiens chrétiens, ils firent expirer dans les tortures quatre-vingt-dix mille prisonniers de cette religion, qui leur avaient été livrés par Chosroès lorsqu'il s'empara de Jérusalem. Chosroès mourut en 628. Trois ans après, finit la monarchie des Perses, qui passa aux Sarrasins.

Au commencement du septième siècle parut Mahomet. Ce législateur modela évidemment sur la religion juive la religion qu'il fondait. Coutumes, dogmes, opinions, presque tout fut juif dans l'islamisme. C'était une époque admirablement choisie pour la promulgation d'une nouvelle croyance. Aussi s'étendit-elle avec rapidité dans l'Orient, auquel convenaient peu les formes sévères du christianisme. On pourrait avec quelque raison regarder la religion de Mahomet comme un schisme du judaïsme. Cette foi des anciens jours avait besoin de se reproduire sous un caractère nouveau, pour plaire à l'imagination vive des Asiatiques. Le plus grand, et peut-être le seul point réel de séparation entre ces deux croyances, fondées sur le déisme pur, c'est que l'islamisme reconnaît la mission de Jésus-Christ, que Mahomet proclame un grand prophète. Ces deux génies extraordinaires avaient renouvelé le judaïsme, l'un pour l'Occident, l'autre pour l'Orient.

Mais les Juifs persistèrent à repousser toute modification de leur culte. Mahomet ne tarda pas à les persécuter; car c'est surtout quand elles commencent et quand elles finissent que les religions deviennent tyranniques et envahissantes. Forcés de choisir entre l'apostasie ou la guerre, les Juifs n'hésitèrent pas. Dans la troisième année de l'Hégire[1], Mahomet les chassa de l'Hégiase, et distribua leurs biens aux Musulmans. Les Juifs tentèrent un dernier et malheureux effort à la bataille de Kaïbar, où ils furent vaincus et taillés en pièces par le législateur conquérant.

Omar, le successeur de Mahomet

[1] Ère des Turcs. Elle commence au 16 juillet 622.

dans le califat, soumit à son glaive et à
son culte l'Arabie, la Syrie, la Mésopotamie, la Perse et l'Egypte. La conquête de la Perse par les Sarrasins fut
un sujet de joie pour les Juifs, cruellement persécutés par les derniers rois
persans, et traités en général avec douceur et modération par les califes, devenus maîtres de cette grande monarchie. Leurs écoles furent rouvertes, les
princes de la captivité rétablis, et leur
religion librement exercée sous la protection des princes musulmans.

Les Abassides, qui s'emparèrent de
la couronne pendant le septième siècle,
traitèrent en général assez favorable-
ment les Juifs. Almanzor cultivait les
lettres et attirait les savans à sa cour,
sans s'inquiéter de leur religion. Les
Juifs profitèrent de ce règne pour faire
refleurir leurs académies. C'est à cette
époque que vécut Ananus, qui se mit
à la tête des Sadducéens [1]. Giafar, sur-

[1] Voyez, pour ce qui regarde les sectes des
Pharisiens, des *Sadducéens* et des *Esséniens*,
le Résumé de l'histoire des Juifs anciens, par
le même auteur, 2me édition.

mommé *le Juste*, ne le fut pas envers les Juifs, ni envers les Chrétiens. Il ordonna que tous les Juifs et tous les Chrétiens qui se feraient Musulmans hériteraient de tous les biens de leur famille, et cette loi attira un grand nombre de prosélytes à la religion de Mahomet.

Ce fut un Juif que Charlemagne envoya en députation vers le calife Haroun-al-Raschid, qui avait pris possession du califat en 786. Le comte Lanfrède et Sigismond, qui accompagnaient le Juif Isaac, moururent en route, et Isaac resta seul chargé de l'ambassade. Charlemagne lui confia depuis une mission pour la Perse. Sous le règne d'Haroun, les Juifs d'Orient jouirent de la paix la plus profonde; leur culte fut respecté, et l'on vit s'accroître le nombre de leurs synagogues et de leurs académies.

Au commencement du neuvième siècle, le calife Mamoun fit traduire en langue arabe tout ce que les Juifs avaient de bons livres, afin d'inspirer aux Arabes le goût des sciences, qu'ils avaient

négligées jusqu'à cette époque. Mashal-
la, grand astronome juif, parut avec
éclat à la cour de ce prince ; c'est aussi
sous son règne que vécut Moussa, fils
d'Amran, imposteur célèbre qui se fit
passer pour Moïse ressucité. Le calife
Vathek persécuta les Juifs, et en général tous ceux qui ne reconnaissaient
pas l'autorité du Coran. Il fit empaler
jusqu'aux Musulmans qui niaient l'origine divine de ce livre. Motavakel, son
frère et son successeur, ne se montra
pas plus tolérant. Il soumit les Juifs à
un costume particulier, les exclut de
toutes les charges publiques, et ne leur
laissa pour monture que les mulets et
les ânes. Comme les Juifs exerçaient
alors presque seuls la profession de médecins, où ils excellaient, ils s'étaient enrichis par la pratique de cet art ; et c'é-
tait principalement à leur bourse qu'en
voulaient les pieux califes, qui propa-
geaient par les extorsions ou le pal la
sainte loi du Coran.

Pendant le dixième siècle, une ère
nouvelle de prospérité parut s'ouvrir
pour les Juifs d'Orient. L'amour des

sciences remplit leurs écoles d'une foule innombrable de disciples ; des professeurs célèbres brillèrent dans leurs académies ; mais à cette prospérité passagère succéda une grande infortune : le calife Cajem (1039) voulut expulser de l'Orient les sectateurs de Moïse. Deux princes de la captivité furent successivement mis à mort. Beaucoup de Juifs cherchèrent une retraite en Espagne et en France, où les attendait le fer des croisés, qui se faisaient un acte de dévotion d'égorger ces hérétiques avant d'aller conquérir la Terre-Sainte. Les célèbres académies d'Orient se fermèrent : on en vit quelques-unes encore dans le douzième et dans le treizième siècles ; mais la gloire des écoles juives s'ensevelit sous les ruines illustres de Pumpédita et de Sora.

Malgré les édits de proscription, les Juifs ne quittaient point facilement le sol où ils avaient pris racine. Benjamin de Tudèle, qui voyagea en Orient dans le douzième siècle, trouva, s'il faut en croire ses récits, quatre mille Juifs et une synagogue à Bassora, sept mille à Almozal (l'ancienne Ninive), deux mille à Rohobod, deux mille à Pumpédita, où se trouvaient encore quelques écoles et quelques docteurs voués à l'étude de la sainte loi. A Bagdad vivaient mille Juifs; ils avaient des tribunaux, des hospices, vingt-huit synagogues, un prince de la captivité, vénéré des Musulmans et du calife. Près de l'ancienne Babylone, il trouva mille Juifs, qui faisaient leurs prières en plein air.

Il rencontra en Egypte un grand nombre de ses frères. Au Grand-Caire résidait le chef de toutes les synagogues du pays.

En Judée, il ne trouva plus presqu'aucun vestige de sa nation. Deux cents Juifs vivaient à Jérusalem, exerçant presque tous la profession de teinturiers, et enfermés dans un quartier séparé.

A Ascalon, il en compta cinq cent cinquante-trois, dont la plupart étaient Samaritains; à Tibérias, cinquante, et une synagogue.

En Grèce, il trouva sur le mont Parnasse deux cents Juifs laboureurs, réunis sous l'autorité d'un rabbin; à Corynthe, trois cents; à Thèbes, deux mille, la plupart ouvriers en soie et teinturiers. Il en vit un petit nombre à Patras et à Lépante. Passant à Constantinople, il y compta deux mille personnes de sa nation et cinq cents Caraïtes [1], presque tous adonnés au commerce. Ils habitaient les faubourgs de Galata et de Péra, exposés à des humiliations de toute espèce, et tenus par les Grecs dans l'oppression la plus cruelle et la plus honteuse.

Le douzième siècle fut remarquable par le grand nombre de savans juifs qui brillèrent principalement en Espagne et en Portugal. Le plus célèbre fut Maïmonides, surnommé l'*Aigle de la synagogue*. Il naquit à Cordoue l'an 1139, et mourut en Egypte dans l'année 1201, ou selon d'autres en Palestine, en 1208. Nous reviendrons sur ce philosophe célèbre dont l'histoire ap-

[1] Secte juive qui date du huitième siècle de l'ère chrétienne, et qui s'attache à la lettre de l'Ecriture. Nous y reviendrons plus tard.

partient plus particulièrement à celle des Juifs d'Occident.

Le douzième siècle fut aussi très-fécond en imposteurs et en faux Messies. En 1167, un Juif arabe persuada à ses frères qu'il était envoyé de Dieu pour les délivrer de leur abaissement. Une foule de peuple le suivit. Au bout d'un an il fut pris. Conduit devant le roi, il soutint qu'il était prophète, et déclara que si on lui coupait la tête, il ressusciterait. Le roi, curieux, tenta l'expérience; la tête fut abattue, mais le prophète ne ressuscita pas. On comprit alors qu'il avait voulu par ce moyen s'assurer une mort sans tortures, et se dérober aux supplices affreux qui l'attendaient.

Peu de temps après, un autre Juif se persuada qu'il était le Messie, parce qu'il avait été guéri de la lèpre : il fallait que cet homme eût bien peu de foi en la médecine. Du reste, l'apparition de tous ces nouveaux Messies attirait sur les Juifs des persécutions violentes, et la crainte des supplices produisait de nombreuses apostasies. Aussi peut-on supposer que la plupart de ces imposteurs ne recevaient leur mission que des suggestions perfides des princes, avides de l'or et du sang des Juifs.

Le plus fameux de tous ces faux prophètes fut David Alroi, ou El-David, natif d'Amara, où se trouvaient mille Juifs tributaires du roi de Perse. En 1199, El-David prit le titre de Messie, s'attacha un grand nombre de disciples auxquels il fit prendre les armes, séduisit le peuple par ses connaissances dans l'art de la magie, et après avoir long-temps trompé les poursuites du roi de Perse, il fut assassiné par son beaupère, qui vendit sa tête dix mille écus. Cette mort fut suivie, selon l'usage, d'un massacre de Juifs.

Au commencement du treizième siècle, les richesses des Juifs attirèrent de nouveau sur eux une persécution violente. Nasser - Ledin - Allah, calife de Bagdad, de la race des Abassides, prince d'une avarice excessive, et qui se servit, pour s'enrichir, du droit d'aubaine, inconnu jusque là, leur ordonna ou de sortir de ses états, ou de se faire Musulmans; une partie s'exila, l'autre n'abjura qu'en apparence la foi de ses pères.

Ce fut au treizième siècle que vécut le fameux rabbin Moïse, fils de Nachman, connu sous le nom de Nachmanide, et surnommé par les Juifs *le Père de la sagesse*. Il composa un grand nombre d'ouvrages, presque tous cabalistiques. Il quitta Gironne, lieu de sa naissance, pour se retirer en Palestine, où il bâtit une synagogue. Plusieurs autres rabbins brillèrent alors en Orient. On distingua parmi eux deux Caraïtes, Aaron-Cohen, qui exerçait la médecine à Constantinople, en 1294, et Aaron, fils d'Eliab, qui vécut environ un demi-siècle plus tard. Tous deux se rendirent célèbres par des ouvrages de critique sacrée.

Lorsque saint Louis fit son expédition en Orient (1249), les Juifs de Judée souffrirent beaucoup des troubles qui agitèrent alors cette contrée. En 1258 finit l'illustre maison des Abassides; l'Orient fut envahi par les Tatars et les Mongols, et les Juifs se dispersèrent pour échapper au pillage et à la mort. Plus tard cependant (1287) ils eurent un intervalle de repos et de prospérité, grâce à la faveur que l'un d'eux, médecin habile et homme d'esprit, avait su conquérir auprès d'Argoun-Khan. Ce médecin juif, nommé Saaded-Doulat, devint le premier ministre du prince. Mais à la mort d'Argoun, les Musulmans, irrités des bienfaits dont Saaded-Doulat avait comblé ses frères, l'accusèrent d'avoir empoisonné le roi, et le condamnèrent à une mort ignominieuse, qui fut suivie d'un égorgement considérable de Juifs.

Dans les quatorzième et quinzième siècles, on ne trouve rien dans l'histoire de l'empire grec qui regarde les Juifs, si ce n'est que les auteurs grecs de ce temps-là reprochaient aux Latins de forcer les sectateurs de Moïse à recevoir le baptême; d'où l'on peut conclure que les Juifs, sous l'empire grec, jouissaient d'une entière liberté de conscience.

Depuis Tamerlan jusqu'au règne du fameux Chah-Abbas, les Juifs eurent à souffrir, comme tous les habitans de la Médie et de la Perse, des malheurs attachés à une guerre violente, à une conquête rapide, et des divisions qui, après la mort de Tamerlan, survinrent entre ses quatre fils. A l'avénement de Chah-Abbas la Perse se trouvait presque dépeuplée. Ce prince accorda des priviléges à tous les étrangers qui voudraient s'y établir : il y vint un grand nombre de Juifs. Bientôt leurs richesses, acquises toujours par le commerce, excitèrent l'avidité du prince. Il leur ordonna d'opter entre l'islamisme et la mort ; mais il se trouva, comme par miracle, un mufti assez tolérant pour empêcher l'exécution de cet édit barbare. Seulement les principaux docteurs juifs furent mandés devant le tribunal du sofi. « Puisque vous ne voulez point croire en Jésus-Christ, dit Chah-Abbas aux rabbins, vous devriez entrer dans la foi musulmane, puisque nous n'adorons aucune image, et que notre Dieu est un Dieu unique comme le vôtre. » Les Juifs répliquèrent qu'ils attendaient à leur tour un Rédempteur ou un Messie qui devait rétablir leur ancienne loi, et les reconduire dans leur patrie primitive. Abbas exigea qu'ils fixassent l'époque où paraîtrait leur Messie. Les docteurs, après une mûre délibération, déclarèrent qu'il paraîtrait dans soixante-dix ans. Abbas promit que si dans l'intervalle de ces soixante-dix années, le Messie venait en effet à paraître, lui et tous ses sujets embrasseraient le judaïsme ; dans le cas contraire, les Juifs devraient se faire Musulmans ou subir la mort. Abbas avait bien compris que les Juifs, pensant que ni eux ni le monarque ne vivraient au-delà de ce terme, avaient voulu seulement acheter soixante-dix années de repos : il les leur vendit chèrement : deux millions d'or furent payés au prince par les Juifs, comme caution du traité.

Les guerres continuelles des Persans contre les Turcs laissèrent respirer les malheureux débris d'Israel. Lorsqu'au commencement du dix-septième siècle, Amurat IV s'empara de Bagdad, il ne massacra que les Persans ; et les Juifs, qui étaient en grand nombre dans cette ville, trouvèrent grâce devant le vainqueur.

Ainsi les descendans de Moïse, malgré les persécutions et les tortures, se maintenaient dans tout l'Orient avec leurs synagogues, leurs écoles et leurs docteurs. En Judée, on voyait encore apparaître des rabbins célèbres, et des académies s'ouvrir sur les ruines de leur ancienne splendeur. Ils s'étaient également répandus, en Egypte, en Ethiopie, et dans les parties les plus reculées de l'Afrique. Une sorte d'affinité dans les coutumes, dans le langage et même dans les croyances peut expliquer cette conservation du culte juif en Orient, malgré l'intolérance du mahométisme; mais c'est en Europe surtout, dans l'Europe catholique et barbare, que ce maintien de la foi juive va s'offrir à nous sous un aspect miraculeux. Quittons donc un instant l'histoire des Juifs d'Orient, et jetons un regard sur ceux d'Occident, depuis les premiers temps du moyen âge jusqu'au seizième siècle, où la révolution religieuse opérée par Luther exerça une si grande influence sur la civilisation européenne.

QUATRIÈME ÉPOQUE.

ÉTAT CIVIL, COMMERCE, LITTÉRATURE DES
JUIFS D'OCCIDENT, DEPUIS LE CINQUIÈME
SIÈCLE JUSQU'A LA RÉFORME DE LUTHER [1].

ITALIE.

Etat civil.

LORSQUE l'Italie passa sous la domination des Goths, les Juifs conservèrent

[1] Nous avons principalement suivi pour
cette partie de notre travail l'excellent ouvrage de M. Arthur Beugnot, intitulé *les Juifs
d'Occident*, qui a obtenu une mention honorable au concours proposé en 1821 par l'Académie des incriptions et belles - lettres, sur
ce sujet : *Examiner quel fut en France, en
Espagne et en Italie, l'état des Juifs sous les
divers rapports du droit civil, du commerce et
de la littérature, depuis le commencement du
cinquième siècle jusqu'à la fin du seizième.*

leurs priviléges. A Gênes, à Naples, à Rome, à Milan, ils trouvèrent protection et tolérance. Le roi Théodoric se distingua particulièrement par une justice éclairée qui aurait fait honneur aux princes les plus philosophes des temps modernes. Les révolutions qui agitèrent l'Italie pendant le sixième siècle ne privèrent point les Juifs des priviléges qu'ils devaient à l'administration des Goths. La conquête de ce pays par les Lombards (565 à 756) ne changea rien à leur situation paisible. Ils n'avaient plus, il est vrai, de magistrats particuliers, de patriarches, qui les constituaient en nation au milieu du peuple où ils trouvaient asile et protection, mais ils restaient admissibles à un grand nombre d'emplois civils et militaires; ils pratiquaient librement leur culte, et trouvaient dans les princes des appuis contre le fanatisme des peuples et la cupidité des prêtres chrétiens.

Pendant les neuvième et dixième siècles, l'histoire garde un profond silence sur les Juifs d'Italie. On peut en conclure que pendant ce long espace de temps ils jouirent en paix des avantages qui leur avaient été accordés.

Dans le onzième siècle, ils subirent les inconvéniens du système féodal qui s'établit en Italie comme dans tout le reste de l'Europe : ils furent donnés, vendus, échangés, suivant les principes féodaux. En 1090, Roger, duc de la Pouille, donne les Juifs et la juiverie de Salerne à Alfano II, archevêque de cette ville.

Les croisades, qui, dans les autres états de l'Europe, eurent pour premier résultat le massacre des Juifs, leur furent moins fatales en Italie, grâce à la tolérance et à l'humanité du pape Alexandre II, qui les garantit de toute persécution.

Au douzième siècle, les Juifs commencèrent à avoir quelque importance en Italie. Benjamin de Tudèle, qui voyagea en cette contrée vers la fin de ce siècle, vit des Juifs établis, mais en petit nombre, à Amalfi, à Bénévent, à Ascoli, à Trani, à Salerne, etc. Alexandre III, malgré les troubles qui agitèrent son pontificat, les protégea et affermit leurs priviléges, sans cependant les étendre au-delà de ce que prescrivait la raison. Le troisième concile de Latran, en 1179, sanctionna les décisions de ce pape. Innocent III, qui monta sur le trône de saint Pierre au commencement du treizième siècle, les traita avec moins de faveur; il accusait ce peuple d'ingratitude. Il défendit aux Chrétiennes d'entrer comme nourrices au service des Juifs. Le concile de Latran, tenu en 1215, changea sous quelques rapports leur état civil : il les déclara incapables de remplir aucune fonction publique; il ordonna aux Juives de porter sur leurs vêtemens un morceau de drap jaune, afin d'avertir les Chrétiens débauchés de n'avoir point de commerce avec elles.

Honorius III, plus tolérant, défendit qu'on forçât les Juifs à embrasser la religion chrétienne; il menaça de l'excommunication tout Chrétien qui se permettrait de les frapper, de les blesser ou de les tuer, de s'emparer de leurs biens, ou d'attaquer leurs priviléges. Grégoire IX les protégea dans ses états, et sa bienveillance s'étendit même sur eux dans les autres royaumes de l'Europe, où ils étaient exposés alors aux traitemens les plus atroces. Innocent IV se borna à écrire au roi de France pour qu'il fît brûler le *Talmud.*

Les conciles défendaient les mariages entre les Juifs et les Chrétiens; et plusieurs ordonnaient, sous peine d'excommunication, la rupture de ces unions. Boniface VIII, moins sévère, priva seulement de sa dot la femme qui avait contracté alliance avec un Juif.

La translation du saint Siége à Avignon, au commencement du quatorzième siècle, sans être préjudiciable aux Juifs d'Italie, dont les priviléges se trouvaient comme assurés quelle que fût la politique des papes, fut très-utile aux Juifs des autres royaumes, en ce qu'elle leur offrait un appui en France, où leur situation avait été jusque là si précaire et si malheureuse.

Sous le pontificat de Pierre Roger, connu sous le nom de Clément VI, Avignon devint le refuge des Juifs, persécutés dans toute l'Europe. Le 13 septembre 1376, la cour de Rome reporta son séjour dans l'ancienne capitale du monde; les papes retrouvèrent les Juifs d'Italie puissans et riches: le quatorzième siècle s'écoula pour eux dans une heureuse sécurité. Au commencement du quinzième siècle, plusieurs papes se montrèrent animés contre eux d'un esprit de persécution. Le pape Eugène IV lança contre les Juifs, le 8 août 1442, une bulle menaçante qui les déclara exclus de tout emploi public. Il leur défendit de cohabiter avec les Chrétiens, de boire et de manger avec eux, d'avoir des serviteurs chrétiens, de déposer en justicé contre les Chrétiens, et d'élever de nouvelles synagogues. Vers la fin de son pontificat, ce pape chercha à réparer le mal qu'il leur avait fait. Il adoucit la rigueur des arrêts rendus contre eux ; mais son successeur Calixte les rétablit dans toute leur sévérité. Vers la fin du quinzième siècle, l'expulsion des Juifs d'Espagne augmenta l'influence et les richesses des Juifs d'Italie, qui savaient se maintenir dans une sorte d'indépendance, quelle que fût la dureté des lois qui les régissaient, et qu'ils savaient d'ailleurs faire habilement tomber en désuétude. L'ambitieux Alexandre VI ouvrit toutes ses villes aux fugitifs d'Espagne ; ils peuplèrent jusqu'aux bourgs et jusqu'aux villages, où leur industrie, leur activité, leurs ressources étendues dans le commerce les rendaient précieux et comme indispensables aux populations chrétiennes. Dans le seizième siècle, ils avaient de zélés protecteurs, parmi lesquels se signalèrent les papes Paul III et Sixte V, Côme, grand-duc de Toscane, Hercule d'Est, duc de Ferrare, Emmanuel Philibert, duc de Savoie, et surtout le sénat de Venise. Ils eurent aussi des ennemis : en 1540, ils furent expulsés de Naples par l'empereur Charles-Quint. Le pape Paul IV les traita avec une extrême sévérité : ce fut lui qui, le premier, les resserra à Rome, dans un quartier particulier de la ville, appelé *Ghetto*. Pie IV adoucit les lois de son prédécesseur. Pie V, qui, dans les fonctions de grand-inquisiteur, **avait** mérité le titre de *tyran ecclésiastique*, se montra digne, dans son pontificat, de ce glorieux surnom. Après avoir publié contre les Juifs plusieurs bulles sévères, il finit, en 1569, par les chasser de tous les États romains, à l'exception des villes de Rome et d'Ancône. Ces rigoureux édits étaient toujours motivés d'abord par les richesses des Juifs, puis par des délits d'usures réels ou prétendus, des sortiléges, des blasphèmes, etc. Les Juifs se réfugièrent en Toscane et dans les États vénitiens.

Le pape Grégoire XIII, qui célébra la Saint-Barthélemy par une fête brillante, ne pouvait manquer d'être le persécuteur des Juifs. Le 10 juin 1587, il décida que les inquisiteurs pourraient les poursuivre s'ils blasphémaient, s'ils lisaient le *Talmud* ou les autres livres défendus, s'ils tournaient en ridicule les cérémonies du culte catholique, etc. En 1584, il ordonna qu'une fois par semaine on prêcherait devant tous les Juifs au-dessus de douze ans. Enfin l'avénement de Sixte V au pontificat fut pour les Juifs une époque de repos et de bonheur. Par une bulle publiée le

22 octobre 1586, ce pape les rétablit dans tous leurs priviléges, leur permit de demeurer dans les Etats romains, de louer des maisons dans toutes les villes, de vivre en familiarité avec les Chrétiens, de lire leurs livres sacrés, pourvu qu'ils fussent purgés de tout blasphème ; il leur rendit leurs synagogues et leurs cimetières, et les soumit à un impôt modéré, qui les garantissait de tout péage et de toute taxe arbitraire. Mais, dès l'année 1593, toutes ces lois de tolérance furent abolies. Clément VIII renouvela la bulle d'expulsion de Pie V, en ajoutant Avignon aux villes que pouvaient habiter les Juifs. Telle fut jusqu'au seizième siècle leur situation dans les Etats romains. Jetons un coup d'œil sur l'état civil de ce peuple dans quelques villes particulières de l'Italie.

La république de Venise compta dans ses premiers temps peu de Juifs sur son territoire ; mais après leur exil d'Espagne ils y accoururent en fôule, et furent reçus avec empressement par le sénat, qui les obligea cependant à porter quelques marques distinctives dans leur costume. Les Vénitiens ne se bornèrent pas à permettre aux Juifs l'entrée de leurs villes, mais ils leur ouvrirent encore leurs possessions continentales, et les y maintinrent malgré la jalousie et les préjugés des nationaux. En 1475, les habitans de Padoue ayant maltraité les Juifs, le doge et le sénat ordonnèrent aux magistrats de cette ville de traiter les Juifs comme leurs autres sujets. Dans les quatorzième et quinzième siècles, les Juifs n'étaient pas absolument affranchis du tribunal de l'inquisition : dans le siècle suivant il fut reconnu qu'ils n'étaient pour aucune cause justiciables de ce tribunal.

A Gênes, les Juifs ne furent jamais en faveur. Ce fut seulement dans les commencemens du seizième siècle qu'ils parvinrent à former des établissemens dans cette république. Ils ne pouvaient être à Gênes ni médecins ni procureurs; ils étaient astreints à porter sur leur coiffure et sur leurs habits une pièce d'étoffe jaune : en 1598, ils furent définitivement exclus de tout le territoire de la république.

A Livourne, leur commerce fut très-considérable au seizième siècle, et les fit jouir d'une grande influence. La communauté de Livourne était sous la direction d'un conseil général de soixante membres. Ceux de Florence avaient un conseil de quinze ou dix-huit personnes. Ils s'étaient établis fort anciennement dans cette république. Expulsés en 1527, ils furent rappelés en 1547 par le grand-duc Côme Ier.

En 1567, il leur fut défendu de s'établir dans les deux villes de Parme et de Plaisance ; on leur permit toutefois de fixer leur demeure dans le reste des Etats de Parme, et cette concession était renouvelée tous les quinze ans.

Les Juifs arrivèrent dans le royaume de Naples vers l'an 1200. En 1250, le roi Robert, ayant besoin d'argent pour soutenir une guerre, ne trouva que les Juifs qui voulussent lui en fournir. En mourant, il chargea son fils de leur continuer la reconnaissance qu'il avait toujours eue pour eux. Ce jeune prince s'y prit d'une singulière façon. Il manda devant lui les principaux chefs des Juifs,

et leur exposa qu'après avoir mûrement
réfléchi aux dernières volontés de son
père, il croyait ne pouvoir leur rendre
un plus grand service qu'en leur pro-
curant l'entrée du paradis ; qu'en conséquence ils eussent sur l'heure à embrasser la religion chrétienne. Il fallut
obéir, du moins en apparence. Leur
synagogue devint une église sous l'invo-
cation de sainte-Catherine.

L'exil d'Espagne amena un grand
nombre de Juifs à Naples. De vives
plaintes s'étant élevées en 1540 contre
leurs délits usuraires, le vice-roi de Naples en informa l'empereur, qui ordonna
leur expulsion. Ils ne quittèrent pas l'I-
talie, et la plupart se rendirent à Rome.

On voit que si l'état civil des Juifs
pendant cette période de siècles a varié
en Italie, du moins il fut toujours garanti par la loi. Il n'en fut pas de même
en Espagne et en France, où leur existence et leur fortune furent toujours livrées aux violences arbitraires des princes, et au fanatisme des peuples.

Commerce.

Jusqu'au dixième siècle, l'Italie, en proie à tous les déchiremens et à toutes les secousses, n'eut ni commerce, ni industrie, ni agriculture. Les Juifs, avec cet amour et cet instinct des travaux pacifiques qui les distingua toujours, apparaissent au milieu des premiers symptômes de civilisation et d'industrie. A la fin du sixième siècle, les Juifs d'Italie commerçaient avec la ville de Marseille ; ils s'étaient également établis dans la Sicile, où ils se livraient au commerce des esclaves. Le concile de Rome, tenu en 743, prononça anathème contre le Chrétien qui aurait vendu à un Juif son esclave.

A dater du onzième siècle, le nombre des Juifs augmenta considérablement en Italie. Ils arrivaient d'Asie, où ils étaient persécutés, apportant avec eux les productions du climat. Peu à peu ils se trouvèrent chargés de tout le commerce de l'Italie avec l'Asie, et notamment de celui des épiceries. Parmi les Juifs qui s'illustrèrent à cette époque par leur opulence, on cite Pierre de Léon, qui abjura la foi de ses pères : son fils fut anti-pape sous le nom d'Anaclet.

Au douzième siècle, les Juifs, fixés jusque là dans les ports de mer, commencèrent à réunir aux importations maritimes le commerce de détail qu'ils exerçaient dans les villes de l'intérieur. Ils embrassèrent aussi quelques professions industrielles, et principalement celles de teinturiers et de bouchers. Ils parvinrent à un tel degré de richesses qu'ils achetaient ou recevaient en gage les églises, faculté dont les priva le troisième concile de Latran.

Ils ne se livraient pas encore à l'usure, parce qu'on leur permettait le commerce et qu'ils n'étaient pas persécutés. Ce fut vers la fin du douzième siècle qu'ils commencèrent à se faire reprocher des délits d'usure. Du reste, l'exemple leur avait été donné par ces marchands italiens qui, sortis subitement de la Toscane, se répandirent dans toute l'Europe sous le nom de *Lombards*, s'organisèrent en société, se créèrent des statuts, et furent les inventeurs de la science usuraire. Les Juifs suivirent habilement leurs traces ; aussi les conciles ne tardèrent pas à sévir contre les usures dont ils se rendaient coupables ; mais ils trouvaient toujours le moyen d'éluder les lois qu'on rendait contre eux. Les peuples, excités par la sévérité de ces édits, en profitaient pour piller les propriétés des Juifs. Alors intervenait la protection des papes, qui, régnant dans un pays agité par les factions et appauvri par les guerres contre l'Empire, ne trouvaient que chez les Juifs l'argent dont ils avaient sans cesse besoin : aussi les papes protégeaient-ils presque toujours sous main ce peuple contre lequel ils fulminaient leurs bulles et leurs ordonnances.

En 1289, Charles II, roi de Sicile, rendit un décret qui chassait de ses états les Juifs, les Lombards et tous les étrangers qui se livraient à l'usure. La plupart des Juifs qui abandonnèrent la Sicile se fixèrent dans les ports de l'Italie, particulièrement à Naples

2..

et à Ancône, où ils ouvrirent un commerce fort étendu avec les côtes d'Afrique et la Provence.

Leur situation n'éprouva point de changement pendant le quatorzième siècle. Au commencement du quinzième, leur commerce eut à souffrir des édits sévères et tyranniques qu'on lança contre eux. Mais, dans la seconde partie de ce siècle, les lois des papes contre les Juifs étaient tombées en désuétude, et ils s'élevèrent par le négoce de l'argent au plus haut point d'influence et de prospérité. Les édits des papes Martin V, Eugène IV, Nicolas V, leur avaient interdit les professions industrielles, telles que celles de fermiers, de chirurgiens, de médecins, d'apothicaires, qu'ils exerçaient de préférence. Aussi, à défaut de toute industrie légitime, avaient-ils été obligés de retourner à l'usure. En peu de temps ils devinrent comme les arbitres de la fortune publique. Dans presque toutes les villes, dans les villages même, ils avaient des comptoirs ou des maisons de prêt. A Rome, à Parme, à Padoue, à Mantoue, à Pavie, à Sienne, à Bassano, à Faenza, à Florence, à Crémone, à Aquila, ils acquirent une importance égale à leurs immenses richesses.

Cette trop grande puissance excita contre eux le zèle d'un enthousiaste nommé Bernardin de Feltre, dont on a fait un saint, et qui passa toute sa vie à exciter entre eux des soulèvemens. Par une ardeur soit simulée, soit réelle, pour les intérêts du peuple, il poursuivait principalement les Juifs comme usuriers. Pour leur nuire et soulager les victimes de leurs prêts usuraires, il introduisit une nouvelle manière de prêter de l'argent, qui est celle encore en usage aujourd'hui dans les *monts-de-piété*. Le premier établissement de ce genre qu'il fonda fut à Mantoue. Il parvint à en établir dans beaucoup de villes. A Padoue, il fit fermer vingt-deux bureaux de prêt tenus par des Juifs, et qui rapportaient tous les ans 20,000 écus d'or de profit. Dans les monts-de-piété qu'établissait Bernardin, tout se faisait en quelque sorte gratuitement, tandis que le taux ordinaire, auquel les Juifs prêtaient leur argent était de quarante ou vingt pour cent par an, selon que l'on donnait ou non des gages.

En 1547, les Génois permirent aux Juifs de s'établir dans leur ville, d'y tenir des banques et d'y prêter à un intérêt limité.

Paul IV chercha à entraver leur commerce. Entre autres prohibitions, il leur fit celle de trafiquer des grains et de tous les objets nécessaires à la vie, ne leur permettant que le commerce des vieux habits. Pie IV leva ces interdictions, que d'ailleurs le peuple avait abrogées lui-même peu d'années après le décret de Paul IV. Nous savons que Pie V chassa les Juifs des Etats romains, et ne leur permit d'habiter que les villes de Rome et d'Ancône. Cette exception avait pour principe la crainte que les relations commerciales de l'Italie avec l'Orient ne fussent subitement interrompues. Les Juifs seuls en effet avaient des communications établies avec le Levant, et c'était principalement par Ancône que s'entretenaient ces relations.

Sixte V fut aussi tolérant que ses prédécesseurs avaient été injustes et sévères. Il accorda aux négocians juifs de grands priviléges, ne leur interdit aucun genre de commerce, leur permit de tenir des banques et d'exercer la médecine.

Les Juifs de la Toscane se distinguaient principalement par l'activité de leur industrie. Pour se faire une idée du crédit des Juifs de Livourne au temps des Médicis, il faut se rappeler le proverbe répandu alors : *qu'il valait mieux battre le grand-duc qu'un Juif.*

On sait qu'en 1540 ils furent chassés par Charles-Quint du royaume de Naples, où ils s'étaient établis vers l'an 1200. Au quinzième siècle, leur commerce dans ce royaume consistait principalement dans l'usure et dans la vente des vieux habits. Il paraît que leur expulsion par Charles - Quint eut pour cause les plaintes des grands seigneurs qui avaient suivi ce prince, et que les besoins d'un luxe immodéré avaient contraints à engager aux Juifs tous leurs effets précieux. Les Juifs profitèrent de la circonstance

..2

avec leur intelligence accoutumée; mais, lorsqu'il fallut restituer les sommes empruntées, et accrues par un intérêt plus que légitime, ou laisser aux mains des prêteurs les gages de la dette, les seigneurs espagnols se plaignirent, et se procurèrent la petite satisfaction de faire expulser leurs créanciers.

On voit par ce tableau rapide que pendant toute la durée du moyen âge l'Italie dut aux Juifs tout son commerce.

FRANCE.

État civil.

L'époque de l'établissement des Juifs en France est incertaine. Il est question de ce peuple dans la loi Gombette ou de Gondebaud, publiée au commencement du sixième siècle chez les Bourguignons. D'après cette loi, un Juif qui aura frappé un prêtre sera condamné à mort et à la confiscation de ses biens; et s'il s'agit simplement d'un laïque, il aura le poing coupé et paiera soixante-quinze sous d'amende. Cette loi, du

reste, fait voir que les Juifs étaient répandus alors dans les états de ce prince,
qui comprenaient une partie de la Provence, le Vivarais, le Dauphiné, la Savoie, la Bourgogne, la Franche-Comté
et la Suisse.

Une ordonnance de Childebert leur
défend de paraître dans les rues depuis
le jeudi saint jusqu'au dimanche de
Pâques. Dagobert les chasse après les
avoir dépouillés. Wamba, roi des Goths,
veut l'imiter dans la Gaule narbon-
naise, vers la fin du septième siècle ;
mais les grands vassaux et le clergé,
qui levaient sur eux des taxes arbitraires, s'opposent à leur expulsion.

Les premiers rois de la seconde race
les traitèrent avec humanité. La protection que leur accorda Charlemagne en
attira un grand nombre en France, et
principalement dans les provinces mé-
ridionales du royaume. Leur crédit se
soutint à la cour de Louis le Débon-
naire : il augmenta sous le règne de
Louis II. Ce prince suivit la politique
de son père : il ne rendit pas de loi générale touchant les Juifs, mais il ac-

corda à plusieurs d'entre eux des immunités qui, de particulières, devinrent
bientôt communes au plus grand nombre.

Leur situation ne fut pas moins prospère sous Charles le Chauve. Une égalité presque parfaite régnait entre eux
et les Chrétiens sous le rapport du droit
civil. Pendant la longue anarchie qui
précéda l'établissement du système féodal, on trouve sur eux peu de documens
authentiques. On les voit seulement exposés à des proscriptions et à des spoliations continuelles ; les prétextes ne
manquaient pas : on les accusait à la
fois d'intelligence avec les Musulmans,
qui menaçaient alors l'Italie, avec les
Normands, qui pillaient une partie de
la France, et même avec le feu, qui
exerçait de fréquens ravages dans des
villes presque toutes bâties en bois.

Dès sa naissance, la féodalité changea l'état des Juifs comme celui des
Chrétiens : ils furent déclarés serfs des
seigneurs dans les domaines desquels ils
habitaient. Mais leur habileté dans le
commerce leur sauva quelques - unes

des rigueurs de cet atroce système politique ; on les vendait, cependant, on
les échangeait, on les prêtait comme
des Chrétiens. Il y avait, du reste, pour
eux, autant de législations différentes
qu'il y avait de seigneurs.

Philippe Ier les chasse de ses états
en 1[...] les barons l'imitent. Cependant quelques années après ils rentrent
dans le royaume. Les croisades furent
pour eux une source continuelle d'infortunes : les croisés s'essayaient sur
leurs personnes à massacrer les infidèles. Il n'est point de calomnies qu'on
ne répandît alors contre eux : ils cru-
cifiaient les enfans, empoisonnaient les
fontaines, profanaient les saintes hos-
ties, etc. Persécutés, proscrits, exclus
de toutes les professions et de tous les
emplois, ils n'avaient de ressources que
dans l'usure. L'état d'oppression sous
lequel ils gémissaient ne les empêchait
point de s'enrichir. Ils possédaient beaucoup d'immeubles qu'ils avaient amas-
sés en forçant leurs débiteurs de vendre
leurs biens. En 1182 des plaintes générales s'élèvent contre eux. Philippe

Auguste écoute ces plaintes avec d'autant plus d'attention que sa caisse alors était vide. Il expulse les Juifs du royaume, remettant à leurs débiteurs tout ce qu'ils devaient, hormis le cinquième qu'il prit pour lui. Mais seize ans après l'argent vient à manquer de nouveau à la caisse royale ; il fallait soutenir la guerre contre les Anglais et les Flamands : les Juifs offrent de grosses sommes, et l'*auguste* prince les rappelle.

En 1215, le concile de Latran leur ordonne de porter une petite roue sur la poitrine, pour les distinguer des Chrétiens. Vers le même temps, les Juifs achetaient à vil prix les terres de la noblesse partant pour la croisade. Quand les vendeurs ont reçu l'argent, ils se plaignent, selon l'usage, de l'avidité des acheteurs. Le concile de Lyon ordonne aux princes de faire restituer par les Juifs les propriétés vendues. Jean le Roux les chasse de Bretagne, et confisque leurs biens ; Edouard 1er les expulse de la Guyenne ; et saint Louis, qui venait de purger la France des marchands lombards qui l'infes-

taient, se borna à défendre toute tran-
saction entre les Juifs et les Chrétiens.
Ce prince rendit en 1254 une ordonnance qui leur défend de prêter à usure,
de blasphémer et de se mêler de magie.
Cette dernière défense était une concession aux préjugés ridicules répandus
alors parmi le peuple. Il leur enjoint
de plus de pourvoir à leur subsistance
par le travail et par un commerce licite;
ordonne que le *Talmud* sera brûlé, et
que des primes seront accordées à ceux
qui se convertiront. On ne peut exiger
du treizième siècle les lumières du dix-
neuvième. Cette ordonnance n'en est
pas moins très-sage et très-philosophi-
que : se borner à brûler des livres lorsqu'en d'autres pays on brûlait les hommes, c'était faire preuve de tolérance
et d'humanité. Brûler le *Talmud* vaut
mieux, après tout, que brûler Voltaire,
ce qui s'est vu dans des siècles moins
barbares. C'était même une conception
très – forte et très – élevée que l'idée
d'anéantir le *Talmud,* si on ne la sépare
point de celle de régénérer le peuple
juif.

Malheureusement saint Louis voulut aussi arriver à cette réforme par les persécutions et la violence. En 1234, il avait remis aux Chrétiens le tiers des sommes qu'ils devaient aux Juifs, ordonnant que les baillis ne pourraient plus faire emprisonner aucun débiteur pour dettes contractées envers un Juif, ni forcer un Chrétien à vendre ses immeubles pour le payer. De telles lois encourageaient les proscriptions et les massacres : aussi le règne de saint Louis fut-il pour les Juifs une époque désastreuse. L'autorité ecclésiastique ne leur était pas plus favorable que le pouvoir royal. En 1246 le concile de Béziers défend aux Chrétiens de se servir de médecins juifs, ordonne aux Juifs de payer la dîme, et de rendre aux curés autant que les Chrétiens. En 1267, le concile de Vienne ordonne que le Juif qui aura forniqué avec une chrétienne soit condamné à une amende de 10 marcs d'argent, et que la femme soit bannie à perpétuité de la ville après y avoir préalablement reçu le fouet.

Philippe le Hardi défend aux Juifs,

en 1271, de se baigner avec les Chrétiens, de toucher aux vivres dans les
marchés, d'avoir plus d'une synagogue
et d'un cimetière par diocèse, d'exercer
la médecine et tous les arts et métiers;
il les oblige en même temps de porter
une corne sur leur bonnet et d'observer
le carême.

En 1283, sous Philippe le Bel, ils furent condamnés par le parlement à payer
trois cents sols, parce qu'ils avaient
chanté trop fort dans leurs synagogues.
Du reste, les premiers temps du règne
de ce prince offrent une amélioration
réelle dans leur état. Philippe chercha
à les affranchir du pouvoir que s'arro-
geait sur eux le clergé. En 1302, il publia un mandement portant défense
aux inquisiteurs de la foi de s'attribuer
la connaissance des délits commis par
les Juifs. Mais cet état florissant dura
peu : les Juifs étaient riches; Philippe,
avide et prodigue. En 1306, il les dé-
pouilla et les bannit de France; mais à
peine Philippe le Bel est-il mort, que
son fils les rappelle pour douze ans,
moyennant une somme de 122,125 liv.

2...

que les Juifs lui comptèrent. Il ne leur permit toutefois de rentrer que dans les lieux où ils étaient précédemment soufferts. Leurs synagogues, leurs cimétières, leurs livres de la loi leur sont rendus, à l'exception du Talmud. Mais, dans cette même ordonnance de rappel, un nouvel exil est prévu, et le roi s'oblige à ne pouvoir les chasser, au bout de douze ans, qu'en leur donnant un an pour emporter leurs effets. Cette ordonnance eut le sort de tant d'autres, anciennes et modernes : elle ne fut pas exécutée. Les douze années accordées par Louis le Hutin n'étaient pas écoulées, que Philippe le Long les expulse de nouveau, sous le prétexte obligé qu'ils avaient fait un pacte avec les lépreux et les infidèles, et empoisonné les fontaines. La raison véritable, c'est qu'ils avaient eu le temps de refaire leur fortune, et que l'éponge était de nouveau bonne à être pressurée. Les plus riches d'entre les Juifs parvinrent à se maintenir moyennant une amende de 150,000 fr. Plusieurs furent brûlés solennellement, avec des chiens qu'on jeta avec eux dans les bûchers ; un grand nombre furent tués, avec moins de cérémonie, par la populace, qui exerça contre eux toute sorte d'horreurs.

Le roi Jean leur permit de revenir en 1350. Les malheurs publics et les besoins continuels d'argent qu'éprouvaient alors les princes, furent pour les Juifs une cause de repos et de prospérité. La captivité du roi tourna encore à leur profit. On eut recours à eux pour payer la rançon stipulée au traité de Brétigny. Le roi à son retour se montra reconnaissant, et ajouta vingt autres années de séjour aux vingt ans qu'avait accordés le régent pendant son absence. Il leur rendit tous leurs priviléges, dont ils furent en possession jusqu'à sa mort. Ces priviléges leur assuraient l'usage de leurs cimetières et de tous leurs livres sacrés, les exemptaient des gabelles, aides, chevauchée, gardes des villes et forteresses, servitudes et redevances, et leur permettaient de s'imposer eux-mêmes pour leurs dépenses communes. Les Chrétiens qui les accusaient à tort étaient condamnés à leur payer des dommages-intérêts. Pour ce qui leur était dû, on devait les croire sur leurs informations, etc. Ces lois les constituaient toujours en dehors de la société commune; mais l'esprit du temps ne permettait pas davantage.

Charles V, dit le Sage, confirma, en 1364 et dans le mois de son avénement, tous les priviléges qu'avait accordés son père. Cependant peu de temps après il chassa les Juifs de ses états. L'exil fut de courte durée, puisqu'en 1370 ils rentrèrent en France moyennant 1500 livres qu'ils payèrent au roi. Charles V publia en 1378 une ordonnance dont on ne saurait trop louer l'esprit tolérant et philosophique; il décida que les Juifs convertis au christianisme ne pourraient intenter des accusations contre les autres Juifs, ni les dénoncer devant les juges à moins d'une information préalable, ou qu'ils n'eussent donné caution de poursuivre leurs accusations. Alors, comme aujourd'hui, les Juifs qui avaient abandonné la foi de leurs pères se faisaient une joie et un mérite de persécuter ceux qui restaient fidèles à leur ancien culte. Charles V ne crut pas devoir encourager ces honteuses vengeances de l'apostasie. Ainsi les époques les plus barbares offrent quelquefois des leçons et des exemples pour les temps les plus éclairés.

Le duc d'Anjou, investi de la régence pendant la minorité de Charles VI, confirma le 14 octobre 1380 les priviléges des Juifs, et leur accorda cinq années de séjour. Mais, treize ans après, sous le règne malheureux de Charles VI, ils sont de nouveau chassés de France. Comme ils se mêlent d'astrologie, on les accuse d'être les auteurs de la démence du prince : une autre accusation moins absurde, mais peut-être aussi peu fondée, sert de prétexte à leur expulsion : un de leurs co-religionnaires, converti au christianisme, vient à disparaître ; on leur reproche de l'avoir assassiné. Disons cependant à l'honneur de Charles VI, qui dans ses lueurs de raison faisait regretter qu'il n'eût pas l'usage continuel de ce don précieux dont tant de princes usent mal, que, tout en proscrivant les Juifs, il observa à

...2

leur égard une sorte de justice, puisqu'il leur fit payer ce qui leur était dû, et leur laissa près de deux ans pour obtenir le paiement de leurs créances. Les successeurs de Charles VI, jusqu'à Henri II, s'occupèrent peu des Juifs, que les proscriptions n'empêchaient point de rester en France ou d'y rentrer.

Vers le milieu du quinzième siècle, Louis XI leur permit de prendre des biens ruraux en hypothèque des sommes qu'ils prêtaient. Il leur était défendu alors de séjourner dans Paris sans une autorisation de la police, qu'il leur fallait renouveler tous les trois mois.

L'année 1484 fut marquée par plusieurs massacres de Juifs à Marseille et dans d'autres villes de la Provence, qui avait été réunie à la France en 1481. En 1498, ou plutôt en 1501, par un arrêt du roi Louis XII, qui fut sévèrement exécuté, ils furent définitivement chassés de cette province.

Cependant le monde marchait vers un état meilleur. La chute du pouvoir féodal, la découverte de l'Amérique, et la grande révolution religieuse qui s'opérait en Allemagne, annonçaient à l'Europe une ère nouvelle. Les Juifs devaient ressentir un jour les effets de cet heureux mouvement, qu'ils avaient préparé eux-mêmes par l'importance qu'ils avaient su faire prendre au commerce, à l'industrie, et au développement des forces pacifiques du corps social.

Commerce.

Les guerres intestines qui occupèrent les rois de la première race n'étaient pas plus favorables au commerce que ne l'avaient été les invasions des barbares. Au milieu de ces sociétés naissantes, livrées à tous les déchiremens de la conquête et de l'anarchie, les Juifs seuls formaient une société compacte, étroitement unie, forte de sa haute antiquité et d'une croyance religieuse toute pleine d'avenir. Le commerce a besoin de liberté. Les Juifs, malgré les lois sévères qu'on rendait contre eux, étaient réellement plus libres alors que les peuples au milieu desquels ils vivaient, parceque ces lois mêmes, ces législations spéciales, les plaçaient en dehors du droit commun, qui alors était la servitude et l'oppression. Ces causes, jointes à leur activité naturelle, à leurs vastes correspondances, fruit de leur dispersion même, expliquent facilement l'importance commerciale qu'ils acquirent dès les premiers temps de notre histoire. Sous la première race, leur commerce consistait principalement dans le débit des marchandises qu'ils faisaient venir d'Orient. Marseille, Narbonne, Agde, leur servaient d'entrepôt. Ils faisaient aussi le commerce des esclaves que les Chrétiens leur avaient abandonné par des scrupules religieux, qui ont rarement d'aussi honorables résultats.

Sous les rois de la seconde race, leur industrie prit un grand développement. Charlemagne, qui les traitait avec beaucoup de douceur et de considération, laissa à leur commerce une entière liberté. Sous Louis II, ils entreprirent une nouvelle branche de négoce; ils apportèrent d'Asie et de Syrie les étoffes brodées, les draps éclatans de ces con-

trées. Charles le Chauve leur accorda
également sa protection. L'établissement de la féodalité fut moins funeste
qu'on n'aurait pu le croire au commerce
des Juifs. Nous avons déjà fait observer
qu'ils s'étaient formé un état civil en
dehors de l'organisation féodale. Les
seigneurs féodaux, qui sentaient d'ailleurs la nécessité du commerce, et qui
auraient redouté de voir leurs vassaux
s'y livrer, se plaisaient à l'encourager
chez les Juifs et à le concentrer chez
cette société d'hommes qui, bien que
soumise à leur pouvoir, n'était cependant pas leur peuple. Les Juifs devinrent donc pendant les dixième et onzième siècles les maîtres de tout le
commerce de France. Ils l'exerçaient
avec honneur et loyauté. Bientôt les
persécutions qu'amenèrent les croisades les forcèrent de recourir à des
moyens moins honorables pour soutenir une existence proscrite et méprisée.
Ce fut alors qu'ils se livrèrent à l'usure,
et vers la fin du douzième siècle ils s'é-
taient fait une réputation trop méritée
d'astuce et de fourberie. Mais la faute

première en était aux gouvernans et aux peuples. Une ordonnance de Philippe - Auguste, qui règle les relations commerciales de ses sujets avec les Juifs, prouve combien ils étaient alors peu scrupuleux sur les moyens de s'enrichir. *Les Juifs,* est-il dit dans cette ordonnance, *ne pourront prendre en gage aucun ornement d'église, aucun vêtement ensanglanté ni mouillé, des fers de charrue, ni des animaux qui servent au labour, ni du blé non vanné.*

Le treizième siècle ne vit pas s'opérer de grands changemens dans leur commerce. Nous avons parlé de la sage ordonnance de saint Louis qui les obligeait de se livrer aux travaux manuels et à un négoce légitime; mais il fallait commencer par réformer les Chrétiens, qui, traitant les Juifs comme un peuple de réprouvés, les excluaient de toute profession licite et honorable.

Marseille passa à la couronne de France en 1257. Les Juifs, qui étaient nombreux dans cette ville, s'y livraient au commerce maritime. Ils ne pouvaient s'embarquer plus de quatre sur un vaisseau ; il leur était défendu de manger de la viande les jours où les Chrétiens s'en abstenaient. Il ne leur était point permis de travailler les dimanches et les jours de fête.

Louis le Hutin rendit, en 1315, une ordonnance qui leur défendait de prendre plus de deux deniers pour livre d'intérêt par semaine. Depuis ce prince jusqu'au roi Jean leur commerce se ressentit de toutes les funestes atteintes qu'éprouvait leur position politique. Le roi Jean diminua le nombre des impôts et des vexations de toute espèce qui entravaient leur industrie , et menaçaient continuellement leur existence. Le 26 avril 1360 il leur permit d'aller et de venir librement en France; il imposa seulement aux Juifs commerçans un droit de quatre florins d'or par tête ; encore en exemptait-il les pauvres. Charles V ne se montra pas moins juste à leur égard ; mais ce court intervalle de prospérité fut suivi du coup terrible qui les chassa de France dans l'année 1394. Vers le milieu du siècle suivant, la majeure partie des Juifs proscrits avait déjà repris son domicile en France ; mais leur existence n'avait aucune garantie ; leur état civil n'était reconnu par aucune loi.

Au milieu du seizième siècle, des Juifs espagnols et portugais, chassés de leur patrie par l'intolérance fanatique d'Isabelle, de Ferdinand et d'Emmanuel, vinrent s'établir à Bordeaux et à Bayonne, où ils se distinguèrent par leur activité, leurs lumières, et leur exemplaire probité. Henri II, par ses lettres-patentes de 1550, enregistrées la même année par le parlement de Paris et par la cour des comptes, leur accorda le droit d'habiter en France avec leurs femmes, leurs enfans et leurs serviteurs, d'y faire le commerce librement, d'acquérir toute sorte de biens, meubles et immeubles, enfin de jouir de toutes les franchises et libertés des propres sujets du roi. Henri III maintint dans ces privilèges les Juifs *portugais*, qui depuis soutinrent la réputation d'honneur et de probité qui avait distingué leurs pères.

ESPAGNE.

État civil.

Quoique les rabbins fassent remonter jusqu'à Nabuchodonosor l'établissement des Juifs en Espagne, ce n'est que sous les Goths que des documens authentiques attestent leur existence dans cette contrée.

Les Goths se signalèrent parmi les persécuteurs les plus acharnés de la nation juive. Attachés à la foi chrétienne et aux dogmes d'Arius avec toute l'intolérance qui distinguait cette secte, ils dirigèrent tous leurs efforts vers la destruction du judaïsme, et on doit s'étonner qu'ils n'y soient pas parvenus, tant ils multiplièrent les lois de terreur et de sang. Sisebut, élu roi en 612, se fit remarqner par la ferveur de son zèle barbare. Chindasuinde, Récésuinde, suivirent son exemple. Erwige publia contre eux des lois que confirma le douzième concile de Tolède, et qui leur ôtaient presque entièrement l'exercice de leur religion. En 694, le dix-septième concile de Tolède les condamna à une servitude perpétuelle par un décret où se trouve rassemblé tout ce que l'intolérance et le despotisme peuvent imaginer de plus odieux et de plus barbare. L'unique but de ces persécutions n'était pas, comme ailleurs, la spoliation : elles avaient pour principe une sorte de rage de prosélytisme, et cette fureur d'esprit monacal qui fut de tout temps le fléau de l'Espagne.

LES JUIFS SOUS LES MAURES.

L'invasion des Maures en Espagne fut d'abord funeste aux Juifs : pas un prince goth ne marchait contre les Sarrasins, sans un massacre préalable des hérétiques du pays. Ceux qui survécurent (et ce fut la plus grande partie, tant ils étaient habiles à tromper la rage de leurs ennemis) furent bien dédommagés par le triomphe des Maures, qui, devenus paisibles possesseurs de l'Espagne, après la bataille de Xérès, comblèrent les Juifs d'honneurs, de puissance, encouragèrent leur culte, leurs études, soutinrent leurs synagogues et

leurs académies. Tant que dura en Espagne l'empire des Maure les Juifs
jouirent d'une liberté de conscience illi-
mitée ; leur condition était de tout point
celle des maîtres du pays; pour leurs
intérêts civils, ils se régissaient d'après
leurs propres lois; mais la répression de
leurs crimes et de leurs délits appartenait, comme de raison, aux juges musulmans, et ils étaient soumis, à cet égard,
à la jurisprudence du Coran.

A l'ombre d'une autorité tutélaire et
protectrice, ils se signalèrent par leurs
connaissances, leurs lumières, leur philosophie, et leur amour des travaux
utiles ; ils se distinguèrent aussi par cet
esprit de modération qui les éloignait
de toute tendance au prosélytisme, et
ils n'abusèrent jamais de la haute influence qu'ils exerçaient sur les califes.

La chute des Ommiades et les
guerres entre les Sarrasins et Alphonse
de Castille, qui troublèrent le onzième
siècle, n'apportèrent point de changement à leur état calme et prospère. Ils
conservèrent sous les Abbassides la
haute faveur dont ils avaient joui sous

les Ommiades. Mais un long deuil va expier ces siècles de prospérité et de repos. L'Espagne, qu'avaient civilisée les Maures, redevient chrétienne et barbare. Avec l'intolérance et le despotisme, vont reparaître les massacres, les procriptions, les bûchers.

LES JUIFS SOUS LES ROIS CHRÉTIENS.

L'Espagne, morcelée entre les Arabes et les Chrétiens, vit s'écouler le douzième siècle dans des guerres continuelles. Les rois de Léon, de Navarre, de Castille, d'Aragon, luttent, tantôt divisés, tantôt unis, contre les rois musulmans de Grenade, de Cordoue, de Saragosse. L'état civil des Juifs ne changea pas en Espagne pendant ce siècle; pendant le treizième, le fanatisme religieux se tourna principalement contre les Albigeois : les Juifs furent oubliés; ou plutôt l'esprit de persécution ne se manifesta que par quelques décrets sévères, rendus par des assemblées d'évêques. Le 14 mars 1242, Jacques Ier, roi d'Aragon, voulant favoriser leur conversion

au christianisme, déclara que ceux qui
embrasseraient la religion chrétienne
ne seraient plus privés, par cette raison,
de leurs biens meubles et immeubles
(coutume générale alors en Europe), et
que leurs successions seraient partagées
comme s'ils avaient persévéré dans la
religion de leurs pères. Au commencement de ce siècle, soixante mille croisés, venus d'Italie pour combattre les
Arabes, préludent par un massacre général des Juifs dans la ville de Tolède.
La bataille de Tolosa porte enfin le
dernier coup à la puissance des Maures.
Le quatorzième siècle s'ouvre, pour
les Juifs d'Espagne, par des persécutions, par des massacres, et s'écoule au
milieu d'infortunes et de calamités de
toute espèce. On les punit de la peste
dont fut frappée l'Europe en 1321 ; on
les dépouille, on les égorge ; leurs belles
synagogues de Séville et de Cordoue
sont renversées. En 1335, le concile de
Salamanque leur défend d'habiter près
des églises, ou d'y placer leurs cimetières. Un autre concile, tenu à Palencia
en 1368, leur défend d'habiter avec les

.3

Chrétiens, et leur assigne des endroits séparés dans les villes. Au quinzième siècle, une fièvre de conversion s'empare des Espagnols. Ils veulent faire entrer tous les Juifs dans le sein de l'Église. Cette persécution nouvelle, qui tourmente principalement les consciences, produit quelques abjurations, mais pas une seule conversion réelle. La plus ancienne des synagogues d'Espagne, celle de Tolède, devient en 1411 l'église de Sainte-Marie-Blanche. Tandis qu'on ôtait aux Juifs qui persévéraient dans leur antique foi tous leurs droits et tous leurs priviléges, on comblait de faveurs les nouveaux convertis, et un décret de Jean II les déclarait admissibles à tous les emplois sacrés ou profanes. Mais la conduite de ces *nouveaux Chrétiens*, comme on les appelait, fut soumise aux regards investigateurs et à la pieuse sollicitude de l'inquisition, dont l'activité naturelle fut encore stimulée par une bulle de Sixte IV, qui lui ordonnait de surveiller les nouveaux convertis et d'exercer ses rigueurs maternelles sur ceux qui manqueraient à leurs devoirs. L'inquisition ne fut point sourde à cet appel. La plupart de ces enfans douteux de l'Eglise furent massacrés; on confisqua saintement les biens de ceux qui prirent la fuite; on donna le nom touchant de *Chrétiens de grâce* à ceux qu'épargna la clémence évangélique du Saint-Office. Enfin, au mois de mars 1492, Ferdinand et Isabelle, qui venaient de fonder la monarchie espagnole par la réunion des couronnes de Castille et d'Aragon, rendent un édit de proscription qui ordonne aux Juifs de sortir d'Espagne sous quatre mois, ou d'embrasser la religion catholique. On expulsait à la fois en eux les antiques alliés des Maures et les ennemis du Christ. Le trop célèbre inquisiteur *Torquemada* se distingua par ses fureurs, au milieu de ces hommes de sang dont l'Espagne fut trop féconde. A peine trente-cinq mille Juifs abandonnèrent-ils leur religion, pour expier plus tard leur apostasie sur les bûchers de l'inquisition, ou se dérober aux flammes par l'exil qu'ils avaient cru éviter. Huit cent mille quittèrent l'Espagne en vertu de l'édit. S'il faut en croire les historiens, ils emportèrent avec eux trente millions de ducats, et les finances de l'Espagne furent obérées jusqu'à l'instant où les trésors du Nouveau-Monde s'ouvrirent pour ses féroces conquérans. Tous les souverains s'empressèrent de recueillir les riches débris d'Israel. Le roi de Portugal les admet dans ses états pour huit écus d'or par tête, mais il fixe un délai après lequel ils doivent fuir encore ou devenir esclaves. Emmanuel, parvenu au trône avant l'expiration du délai, les força de choisir entre un nouvel exil ou l'abjuration. Après avoir erré long-temps dans le midi de l'Europe, la plupart des fugitifs se fixèrent dans le Levant. Les Juifs ne rentrèrent plus en Espagne, qui, depuis les *Ximénès,* les *Vincent de Ferrare,* les *Torquemada,* a saintement persévéré dans les voies chrétiennes.

Commerce.

L'Espagne, sous les rois wisigoths, fut pauvre, languissante, sans industrie et

sans commerce. Les Juifs seuls entretenaient quelques relations avec l'O-
rient; mais les persécutions continuelles
qu'ils éprouvaient, le manque absolu
de sécurité et de confiance, les empêchaient de se livrer à leur activité naturelle. La conquête des Maures changea la face du pays : l'agriculture, le
commerce, les lettres et les arts prirent
avec les Musulmans possession de la
terre espagnole. Les Juifs ne restèrent
étrangers à aucune de ces branches de
travaux. Répandus partout, partout
protégés et nécessaires, ils servaient
comme de lien commun aux nombreux royaumes que les Maures avaient
fondés en Espagne. Leur commerce
extérieur acquit une grande extension ;
ils faisaient un négoce de vins, d'huiles,
d'amandes, de laine, de fer, de soude,
etc., avec l'Italie, l'Afrique, et plusieurs
villes de l'empire grec. Presque tout le
commerce intérieur, qui consistait en
fer, en acier et en chevaux, était entre
leurs mains. Toutefois l'ardeur avec
laquelle le plus grand nombre quitta les
travaux industriels pour s'élancer vers

l'étude des sciences et des lettres, prouva que cet esprit mercantile qu'on se plaît tant à leur reprocher ne se développa chez eux que par l'impuissance où on les plaça trop souvent d'arriver par d'autres voies à la considération et à la fortune.

L'Espagne redevient catholique, et les Juifs sont de nouveau voués à la haine et au mépris par les conciles. Tourmentés, entravés dans les diverses branches de commerce qu'ils avaient exercés jusque là avec honneur, l'impérieuse nécessité de vivre les rend usuriers. On voit que partout l'intolérance produit le même résultat. Les usures des Juifs provoquent des lois répressives. En 1248, Jacques Ier leur défendit de prendre plus de quatre deniers pour livre par mois. Pendant le treizième siècle, ils se livrèrent à la culture de la vigne, et au commerce des excellens vins que produit l'Espagne. Dans le siècle suivant ils exerçaient en assez grand nombre la profession de courtiers (*curritores*), et se livraient aussi aux travaux mécaniques, ainsi qu'à l'honorable

pratique de la chirurgie et de la médecine où ils excellaient. Mais les prêtres,
qui se mêlaient aussi de l'art de guérir,
voulurent s'en réserver le monopole, et
défendirent aux Chrétiens de se servir
dans leurs maladies de médecins juifs.
Force fut aux malades de guérir ou de
mourir *chrétiennement*.

Le commerce des Juifs n'éprouva
pas de changement pendant le quinzième siècle, qui devait se terminer par
la catastrophe inattendue et impoliti-
que de leur expulsion. Ce bannissement
porta un coup funeste à la prospérité de
l'Espagne. Après le départ des Juifs, le
peu de commerce qui se fit encore
dans cette contrée fut l'ouvrage de ceux
qui avaient obtenu, par une feinte apostasie, le droit qu'on leur contesta bientôt d'y séjourner. Les royaumes de Fez,
d'Alger et de Maroc, où les Juifs se
réfugièrent en nombre immense, héri-
tèrent en grande partie de l'or et de
l'industrie de l'Espagne.

LITTÉRATURE

Des Juifs d'Occident, depuis le cinquième jusqu'au seizième siècle.

Ce n'est guère qu'au onzième siècle que la littérature rabbinique, qui avait jeté en Orient un long éclat, vint se transplanter dans l'Occident. Déjà, vers la fin du dixième siècle, les rabbins apparurent en grand nombre en Espagne; et ce fut principalement dans ce pays que vinrent se fixer les docteurs juifs bannis d'Orient par le sultan Cajem. Les Maures, que leur admirable organisation rendait propres à la fois aux arides travaux des sciences exactes comme aux inspirations sublimes de la poésie, communiquèrent cette double vocation à l'imagination non moins brillante des Juifs, qui jusque là ne s'était appliquée qu'aux arguties les plus subtiles de la science théologique. On sait quelle renommée ils acquirent en astronomie, et surtout en médecine, où leurs succès devinrent célèbres dans l'Europe entière. Ils ne se distinguèrent pas moins par l'éclat de leurs travaux littéraires, et, dès le onzième siècle, nous voyons un Juif de Malaga, Salomon Gabirol, briller comme poète, comme moraliste et comme philosophe, en même temps qu'il se distingue par ses connaissances scientifiques ; un Juif de Cordoue, Isaac Ben Geath, fort instruit dans les lettres grecques, traduire des poésies arabes en vers hébreux pleins d'élégance ; un Juif de Barcelone, Isaac, fils de Ruben, composer des ouvrages de morale, de grammaire et de jurisprudence. Les travaux théologiques, pour n'être plus exclusivement cultivés, ne perdent point cependant leurs partisans ni leurs soutiens. Plusieurs docteurs publient des commentaires sur le Pentateuque et sur le Talmud. Les plus célèbres furent Samuel Cophni, de Cordoue, mort en 1034 ; Isaac Alphési, né à Fez en Afrique, en 1013, auteur d'un grand ouvrage qui est un abrégé du Talmud, et que les Juifs appellent *le petit Talmud* ; Isaac Bar Baruch, né à Cordoue, en 1035, auteur du *Kuppath Horrochelim* (boîte des aromates), commentaire des passages les plus difficiles du même ouvrage ; et enfin Joseph Hallevy, né à Cordoue en 1077 ; un mot suffira pour en faire l'éloge : ce fut le maître de Maimonides.

Parmi les rabbins de cette époque qui se signalèrent en France, on remarque Gerson le Vieux, théologien célèbre qui fit de nombreux disciples, et Joseph Ben Gorion, connu sous le nom de Gorionides. Ce rabbin conçut l'idée de refaire l'histoire de Flavien Josèphe, qui, écrite en grec, était encore, au onzième siècle, tout-à-fait inconnue des Juifs. Il faut lire cet ouvrage, si l'on veut avoir une idée de l'extravagance humaine. Ce qu'il y a de plus singulier, c'est que les Juifs non éclairés (et malheureusement, dans beaucoup de contrées, c'est encore le plus grand nombre) professent le plus profond mépris pour le véritable Josèphe, et n'ajoutent foi qu'à l'histoire de Gorionides, assemblage des fables les plus ridicules, des erreurs les plus grossières, des mensonges les plus absurdes, que l'imagination de l'homme ait pu jamais enfanter [1].

Le douzième siècle fut le grand siècle littéraire des Juifs. Le théâtre de la gloire rabbinique fut l'Espagne et le midi de la France. Les livres d'Aristote et ceux de Platon, traduits par les Arabes, influèrent puissamment sur la philosophie juive, et la tirèrent des abîmes théologiques où elle s'était enfouie jusque là. Un rabbin se montra alors, qui reproduisit les plus belles inspirations du platonisme, dégagées de ces nuages où trop souvent le philosophe grec enveloppa sa haute pensée. Nous avons nommé Maimonides. Disciple d'Averroès, il partagea sa disgrâce, et se réfugia en Égypte, où il passa le reste de sa vie, éclairant de ses leçons ses frères et le monde. Le jour où s'éteignit cette *lumière de l'Orient* (comme on l'appelait) fut mis au nombre des jours

---

[1] Dans cette histoire, on lit qu'Alexandre avait un œil noir et un œil bleu, et des dents très-aiguës; qu'étant en Asie, il trouva des arbres qui sortaient de terre au lever du soleil, et y rentraient ensuite; des coqs qui vomissaient du feu, des oiseaux qui parlaient grec, etc.

de deuil par les synagogues du Caire, de Jérusalem et d'Alexandrie.

Ses ouvrages sont nombreux. Ceux qui exercèrent l'influence la plus directe et la plus puissante furent ses *Treize Articles* et ses *Huit Chapitres*, qu'on peut regarder comme les deux professions de foi de ce philosophe. Elles respirent le plus pur déisme et la morale la plus élevée. Dans tous ses autres ouvrages, et principalement dans son commentaire sur la *Misna* et dans son *Morè Nevokim* (*Main forte* ou *Répétition de la Loi*), Maimonides se proposa pour but de coordonner le Talmud, de le simplifier, et de débarrasser l'interprétation des Livres saints d'une foule d'erreurs qu'y avaient attachées les préjugés et les traditions rabbiniques. Son système d'interprétation, fondé sur l'intelligence et sur la raison, fut vivement combattu par les rabbins de France et surtout par ceux de Montpellier, fortement dévoués aux traditions et ennemis de toute réforme. Un parti non moins nombreux se déclara pour le rabbin philosophe; il s'ensuivit une polémique très-vive et très-animée ; quelques rabbins brûlèrent les ouvrages du réformateur, mais Maimonides resta grand homme.

Aben-Ezra, né à Tolède vers l'an 1099, se rendit célèbre par l'étendue et la variété de ses connaissances : théologien, philosophe, mathématicien, astronome, grammairien, poète, médecin, il réunit plus d'un genre de gloire. Parmi ses poésies, on distingue son *Cantique de l'âme*, fiction ingénieuse où il suppose qu'au moment du sommeil, l'âme remonte vers Dieu, de manière que chaque nuit elle va rendre compte au créateur des actions de l'homme, et revient chaque matin reprendre sa place. Aben-Ezra passe pour l'inventeur du mode des divisions en vertu duquel on partage la sphère céleste, par le moyen de l'équateur, en deux parties égales. Mais ce savant paraissait avoir des idées plus justes des choses d'en haut que de celles de ce monde. Il fut l'un des plus ardens adversaires de Maimonides et de sa réforme. Ce fut l'un des docteurs les plus attachés à la tradition

..3

et à la lettre de l'Ecriture. A la tête de ce parti se trouva aussi Hallevy Ben-Dior, rabbin de Pescaire, auteur du *Sepher Hakkabala* (Livre des Traditions). Cet ouvrage est un monument précieux de chronologie rabbinique; l'auteur **a** voulu prouver que, par une succession continue, les dogmes de la religion se sont transmis d'Adam à Noé, de Noé à Abraham, d'Abraham à Moïse, etc. jusqu'à l'année 1141, où s'arrête Hallevy Ben-Dior, qui déroule ainsi sous nos yeux l'histoire des pères, des princes et des docteurs de la nation juive.

Un ouvrage curieux se présente ici : c'est le *Cozri*, dialogue à la manière de Platon, du rabbin Judas Hallevy. L'auteur suppose un entretien entre le roi de Cozar, un philosophe païen, un Chrétien, un Mahométan et un Juif. Ce dialogue est une discussion sur la vérité de la religion de Moïse, et les interlocuteurs traitent une foule de questions morales et politiques qui découlent assez confusément de la question principale, mais qui sont résolues avec une sagesse et souvent une hauteur d'idées assez remarquables pour le temps. Judas Hallevy, qui mourut en 1140, fut aussi poète. Son hymne sur la ruine de Sion est célèbre, et mérite sa renommée par la richesse des images et la grâce touchante des pensées. Il écrivit le *Cozri* en arabe ; et cet ouvrage a été traduit en hébreu et en latin.

Parmi les défenseurs des opinions de Maimonides, se signala le rabbin Alpharag, qui embrassa et propagea avec une chaleur extrême les doctrines de ce philosophe. Il écrivit, prêcha contre les traditions, et toutes les cérémonies inutiles dont est surchargé le culte. Il fit de nombreux disciples, et eut beaucoup de partisans dans la Castille et dans le royaume de Léon.

Le plus célèbre des partisans de Maimonides fut David Kimchi, rabbin de Narbonne, surnommé le *prince des grammairiens*. Ce savant commenta toute la Bible. On lui doit un lexique hébréo-biblique, le meilleur que les Juifs possèdent. David Kimchi, dont le père s'était signalé par ses connaissances autant que par sa haine violente contre les

Chrétiens, eut un frère, Moses Kimchi, qui se montra digne de porter son nom.

Plusieurs savans docteurs, parmi lesquels il faut citer Joseph Lévita, Béchaï, Abraham Bar Chaija, dit Nasci, se distinguèrent par un grand nombre d'ouvrages dogmatiques et scientifiques. Un écrivain d'un caractère tout particulier, et que nous avons nommé déjà, s'offre ici : c'est Benjamin de Tudèle, né dans les commencemens du douzième siècle, et mort en 1173. On a de lui des voyages (*masahoth*), qui furent traduits en allemand, en français, en hollandais et en latin. Benjamin de Tudèle parcourut, s'il faut l'en croire, sans autre intention que celle de constater l'état de la nation juive, l'Italie, la Grèce, la Macédoine, les îles de l'Archipel, la Palestine, l'Arménie, la haute Asie, la Chaldée, l'Arabie, la Perse, l'Inde et les îles de l'océan Indien ; il revint par l'Allemagne. La somme totale des Juifs qu'il aurait rencontrés serait de 740,947. Les voyages de Benjamin de Tudèle fourmillent d'erreurs, d'extravagances et de mensonges. Nous

m'en citerons point d'exemples, pour
ne pas mettre sous les yeux de nos lecteurs des puérilités dignes tout au plus
des contes bleus ou des Mille et une
Nuits. Benjamin de Tudèle est un voyageur à peu près aussi fort en géographie que l'historien Josèphe second, en
histoire. Ce qu'il faut consigner comme
très-digne de remarque, et comme pou-
vant constater l'ignorance profonde et
obstinée de la masse des Juifs à cette
époque et aux époques postérieures,
c'est que Benjamin passa, et passe même encore chez quelques Israélites fort
arriérés en histoire, pour un voyageur
véridique, pour un savant historien,
bien autrement recommandable que
les Xénophon, les Thucydide, et autres
conteurs de la païenne et damnable antiquité.

Tout n'est cependant pas à dédai-
gner dans Benjamin de Tudèle. Il y a
quelque raison et quelque caractère de
véracité dans ce qu'il dit de la France
et de l'Italie. Ce voyageur, qui n'extra-
vague pas toujours, vit à Paris, lorsqu'il y passa vers le milieu du douzième

siècle, une synagogue célèbre, dirigée
par de savans docteurs profondément
versés dans l'étude de la loi. Il vit les célèbres écoles talmudiques de la Champagne, d'où sortirent ces commentaires
connus sous le nom de *Tosaphot* (additions), et qui sont imprimés à la suite
du Talmud. Mais ce fut surtout dans
le midi de la France que se montrèrent en foule d'illustres rabbins, d'ardens controversistes. L'école de Montpellier, à la tête de laquelle se trouvait
Rabbi Salomon, condamna et brûla le
Guide des hommes égarés, ouvrage de
Maimonides. A cette nouvelle, les écoles de Narbonne et de Béziers, auxquelles se joignent toutes celles de la
Provence, excommunient les rabbins de
Montpellier. Les synagogues de France
qui d'abord avaient embrassé le parti
de Salomon et lancé l'anathème contre
celles de la Provence, condamnent à
leur tour les décrets de Montpellier,
sur la décision des écoles de la Catalo-
gne et de l'Aragon, choisies pour arbitres de ce grand procès. Mais l'esprit
des synagogues de France resta le mê-

...me ; attachées aux opinions anti-ratio-
nelles des traditionnaires, ennemies de
toute idée philosophique, appuyées
uniquement sur le Talmud et sur la
doctrine de l'autorité, elles ne se signalèrent que par la direction fausse ou
stérile des talens qu'on vit sortir de leur
sein. Parmi les plus illustres rabbins de
France, il faut citer Jarchi, né à Troyes
en Champagne, vers l'année 1106. Ce
savant, d'une prodigieuse érudition
talmudique, parcourut l'Italie, la Grèce, la Terre–Sainte, et alla en Egypte
voir Maimonides, qui ne parvint cependant pas à en faire un homme
éclairé, puisqu'une des opinions de
Jarchi était : *qu'il faudrait croire aux rabbins, quand même ils diraient que la droite
est la gauche, et que la gauche est la droite.*
Jarchi mourut à Trèves, âgé de soixante-quinze ans. L'admiration des Juifs
lui décerna le titre de *prince des com-
mentateurs,* et le premier livre hébreu
imprimé fut un de ses commentaires
sur le Pentateuque, qui parut à Reggio
en 1475.

Ce ne fut qu'au treizième siècle que

l'Italie put opposer des écoles juives à celles de France et d'Espagne. Les révolutions dont l'Asie fut à cette époque le théâtre augmentèrent le nombre des Juifs d'Europe, et la tolérance des papes permit à ceux qui s'étaient établis en Italie d'élever des synagogues autour desquelles se réunissaient des savans illustres et des disciples fervens, animés par ce mouvement scientifique et intellectuel qui se manifestait alors dans l'ancienne patrie des arts. Le milieu du treizième siècle vit paraître en Italie un écrivain juif très-distingué, que quelques biographes ont fastueusement qualifié du titre de *Voltaire des Hébreux*. Ce polygraphe, nommé Emmanuel, ne manquait ni d'imagination ni de philosophie ; il se fit une réputation de critique et de grammairien par son *Even bochen* (*la Pierre de touche*), ouvrage de grammaire et d'exégèse ; de commentateur habile, par ses scholies sur le Pentateuque, sur les Prophètes, les Psaumes, les Proverbes, les Cantiques et sur Job et sur Ruth ; de poète enfin par son *Mechabberoth,* recueil de poésies

où il traite de l'amour et des autres passions humaines. Un Juif napolitain,
Antoli Jacob, qui vivait sous l'empereur Frédéric II, composa, outre un
traité philosophique sur le Pentateuque, plusieurs traductions qui prouvent
l'étendue et la variété de ses connaissances. Ce savant traduisit en hébreu
l'*Exposition d'Averroès sur les livres d'A-
ristote*, le *livre d'Abunazar sur les sophistes*, l'*Isagogue de Porphyre* et l'*Almageste
de Ptolémée*.

Cependant les Juifs d'Espagne soutenaient la gloire et l'éclat de leur littérature, au milieu d'événemens qui
semblaient devoir lui porter un coup
mortel. L'affaiblissement de la puissance des Arabes ne ralentit ni leur courage ni leur zèle. Beaucoup de rabbins
s'occupèrent alors de faire passer de
l'arabe dans l'hébreu un grand nombre
d'ouvrages utiles. D'autres, plus livrés
aux travaux de l'imagination, se distinguèrent comme poètes. Au premier
rang se signala Judas Charizi, auteur
du *Takemoni*, ouvrage divisé en cinquante sections, partie en prose rimée,

3...

partie en vers. C'est un dialogue entre deux savans qui discourent sur une foule de sujets moraux, scientifiques et littéraires. Pour donner une idée de cet ouvrage bizarre, où brille toute la richesse du génie oriental, nous citerons le chapitre 40, traduit par notre plus savant orientaliste (M. le baron Sylvestre de Sacy).

DISPUTE ENTRE LA PLUME ET L'ÉPÉE.

« Une nuit, racontait Héman-Ezra-
» chi, j'étais étendu sur mon lit, le som-
» meil avait fui de mes yeux. Tandis
» que, tourmenté de douleurs vives et
» de tranchées aiguës, je m'agitais pé-
» niblement sur ma couche, j'entendis
» que l'on frappait à la porte de ma mai-
» son à coups redoublés. Comme l'on
» persistait à frapper, je m'écriai : Quel
» est donc l'homme qui demande à en-
» trer au milieu des ténèbres et de l'ob-
» scurité de la nuit? C'est, me répondit
» celui qui frappait, un voyageur égaré
» de son chemin, et qui, privé de toute
» ressource, est en proie aux plus cui-
» santes douleurs. Au son des paroles

» qui échappaient de sa langue aussi
» affilée que la lame d'un rasoir, j'ap-
» pelai mon serviteur et lui donnai l'or-
» dre d'ouvrir au voyageur. Lorsque
» celui-ci fut entré, appuyé sur son bâ-
» ton, portant son bagage, et vêtu d'ha-
» bits vieux et déguenillés, je me mis
» à le considérer attentivement ; mais
» quel fut mon étonnement, lorsque
» je reconnus mon cher camarade, le
» docteur dont la société fait mes dé-
» lices ! Ma joie fut celle d'un homme
» qui a trouvé un riche butin ; tous mes
» chagrins s'évanouirent et furent ou-
» bliés ; un plaisir inexprimable s'em-
» para de moi. Je lui fis servir ce qui
» se trouvait dans ma maison, et il
» mangea de tous les mets que je lui
» présentai. Quand il eut achevé son
» repas, et remercié Dieu de ces dons,
» il commença à déployer tous les tré-
» sors de son éloquence, et à ouvrir tous
» les écrins de sa sagesse. Je pris aussi-
» tôt de l'encre et des tablettes, pour
» mettre par écrit les paroles qui sor-
» taient de sa bouche. Mais à peine
» avais-je commencé à écrire, que la

» plume se brisa dans ma main : j'en
» saisis promptement une autre ; elle se
» brisa pareillement, et je la jetai avec
» dépit. Pourquoi donc, me dit Cha-
» ber—Hakkini, jettes-tu cette plume?
» Dieu même en a fait choix ; garde-toi
» bien de la détruire, car elle est une
» source de bénédictions. Si tu connais-
» sais l'éminence de son mérite, tu te
» donnerais bien de garde de la jeter
» ainsi. Peut-être ignores-tu les paroles
» pleines de sens, et les sages discours
» par lesquels elle a fait preuve de son
» prix? Si tu le désires, je suis prêt à
» t'en instruire, et je ne t'en refuserai
» pas la pleine communication. Parle,
» lui dis-je : mes oreilles sont ouvertes
» pour donner une libre entrée à tes
» paroles, et la lumière de ton visage a
» agrandi et fortifié mes yeux. Chaber
» prit la parole et dit :

» Aux temps passés, une contestation
» s'éleva entre les ministres du roi qui
» tenaient la plume pour l'exécution de
» ses volontés, et les généraux qui com-
» mandaient ses armées.

» L'éloquence, dirent les premiers,

» est notre partage : nous sommes les
» héros des délibérations et des conseils.
» Les oracles de la prudence sortent de
» notre bouche, et c'est sur eux que nous
» avons établi les fondemens de l'em-
» pire ; ils sont les liens qui en unissent
» et en consolident la charpente. Notre
» main tient la plume, instrument de
» grand prix, au pouvoir duquel rien ne
» saurait résister, qui terrasse les géans,
» qui donne l'intelligence aux simples.
» Si sa taille est petite et n'a rien de re-
» marquable, si son extérieur semble
» faible et impuissant, les braves qui
» ont tiré le glaive du fourreau sont ce-
» pendant contraints à reculer devant
» elle ; elle réduit au néant les princes
» enflés de leur grandeur.

» Puis, prenant la lyre poétique, ils
» ajoutèrent :

» Oui, nous sommes l'inébranlable
» soutien de la gloire ; la plume dans
» nos mains est l'honneur du diadème.
» A nous seuls appartient le faîte des
» grandeurs : nous foulons aux pieds les
» astres du firmament. Ceux qui ma-
» nient le glaive ne sont que nos escla-

...3

» ves ; le fer de notre lance pénètre leurs
» cœurs et s'y enfonce sans résistance.

» Que dites-vous là ? répondirent les
» chefs des armées. Ne sommes-nous
» pas les lions des combats, les braves
» au cœur intrépide ? Nous faisons jaillir
» la flamme du sein des glaives qui s'en-
» tre-choquent, et la terreur que nous
» inspirons rend les contrées désertes et
» inhabitées. Les peuples qui y faisaient
» leur séjour les quittent avec un cœur
» déchiré : les enfans abandonnent leurs
» pères, pour se soustraire à notre fu-
» reur. A nous seuls appartient l'épée
» qui, sans avoir de langue, parle puis-
» samment, qui, sans prunelle, porte
» partout ses regards pénétrans. Dans
» sa course impétueuse, semblable au
» torrent de Kissoun et aux eaux du
» Phison, elle entraîne tout ce qui lui
» résiste. Quand les appuis du royaume
» se rassemblent en présence du Très-
» Haut, elle les surpasse tous de la tête ;
» car c'est elle qui a la couronne des
» rois, le diadème des oints du Sei-
» gneur. Elle veille à la garde de ceux
» qui la portent ; et les victimes de sa

» vengeance sont comme le sable de la
» mer.

» Prenant ensuite un style plus relevé,
» ils chantaient :

» Semblable à cette portion de la
» victime consacrée à l'Eternel, qu'un
» pontife élève au-dessus de ses au-
» tels, le glaive sorti du fourreau brille
» entre nos mains et menace la tête de
» nos ennemis. Au jour de l'effroi,
» quand les plus braves cherchent un
» asile contre le danger, notre bras dé-
» couvert affronte le combat. Telle pros-
» père une vigne arrosée des eaux du
» ciel, telle notre épée, abreuvée du
» sang de ses victimes. Elle parcourt la
» terre avec la rapidité de l'éclair ; elle
» prend son vol, et le même instant
» la voit se poser sur la tête de nos en-
» nemis !

» Lorsque de part et d'autre ils eurent
» ainsi parlé, l'épée et la plume se pré-
» sentèrent pour défendre elles-mêmes
» leurs droits. C'est moi, dit l'épée, qui
» inspire le courage et la force à mes bra-
» ves : c'est de moi que les vautours et les
» lionceaux attendent leur nourriture :

» Tant que j'existerai, ils n'éprouveront
» ni la faim ni la soif : car je les nourris
» de la chair des héros, je les enivre du
» sang des plus braves guerriers. Com-
» ment oserait-elle se comparer à moi,
» la plume que mes feux consument,
» que je foule sous mes pieds ? Com-
» ment un frêle roseau à demi brisé,
» semblable à la ronce et à l'ortie, au-
» rait-il l'audace de disputer de rang
» avec moi ? Pour peu que mon bras la
» touche, il la brisera : le vent a souf-
» flé sur elle, et il n'en est pas même
» resté de trace.

 » La vérité est sortie de ta bouche, re-
» prit la plume, et tout ce que tu as dit
» est véritable. Oui, c'est toi qui verses
» le sang ; tu es connue par ta violence
» et ta cruauté. Ah ! que de sang tu as
» répandu ! que d'innocens tu as égor-
» gés depuis le jour que tu as com-
» mencé d'exister ! Jamais tu n'as cessé
» de dépeupler la terre, de remplir les
» places de cadavres, de séparer les en-
» fans de leurs pères, de les arracher du
» sein de leurs mères. Si tu te prévaux
» contre moi de ta force, apprends que

» ce n'est pas dans ma force que con-
» siste ma puissance, mais dans l'esprit
» qui m'anime. De quel front oses-tu
» te comparer avec moi? Je suis un
» homme d'une vie pure et sans tache,
» qui habite les tentes; toi, tu es un va-
» gabond qui ne fais ta demeure que
» dans les déserts, dont toute la con-
» duite n'est que crimes, que meurtres
» et brigandages : tu n'as pour repaire
» que les montagnes escarpées, les ro-
» chers qu'habitent les chamois, le lit
» que se sont creusé les torrens, ou l'ob-
» scurité des sombres et antiques forêts.
» Quiconque te voit se hâte de prendre
» la fuite; mon aspect, au contraire,
» inspire la joie; ma société, une pleine
» confiance. On te regarde comme un
» homme souillé et contagieux, comme
» un misérable proscrit de la société.
» Les voleurs et les impies, les hommes
» qui ne sont que péché dès le ventre de
» leur mère, ceux-là seuls entre les mor-
» tels recherchent ta compagnie. Pour
» moi, aucun impie n'est reçu dans ma
» demeure ; le pécheur n'a point de
» part à ma société; il n'ose pas même

» lever les yeux sur moi. Celui-là est
» digne de me servir qui marche dans
» les voies de l'innocence ; je ne me
» trouve que dans la main des hommes
» vertueux. Je reçois les hommages
» des premiers d'entre les humains ;
» les monarques n'ont point de secrets
» pour moi ; c'est par mon ministère
» que leurs desseins s'accomplissent, et
» lorsque je suis avec le Roi des rois au
» milieu de son temple, tu n'as pas la
» permission d'en approcher.

» Ces bravades, reprit l'épée, et les
» mensonges que tu profères, ne méri-
» tent pas que l'on y réponde. Interroge
» seulement les jours anciens qui ont
» précédé ton existence : ils te répon-
» dront et t'apprendront que c'est avec
» mon secours que le roi triomphe de
» ceux qui s'élèvent contre lui et sou-
» met les rebelles ; qu'il subjugue ses
» ennemis et les traîtres qui veulent se-
» couer le joug. Les villes fortifiées, les
» remparts et les citadelles, ne sont
» conquis que par moi ; c'est à moi que
» le roi doit la conservation de sa puis-
» sance ; sans la crainte que j'inspire,

» sa grandeur ne saurait se maintenir
» un instant ; je le préserve de ses op-
» presseurs, j'envoie ma terreur devant
» lui, j'écrase ceux qui l'attaquent, tou-
» tes les cohortes de ses ennemis et tous
» les peuples chez lesquels il porte la
» guerre : à la vue du glaive dont sa
» main est armée, qui d'entre eux ose-
» rait encore tenir ferme ?

» Lorsque la plume entendit les dis-
» cours pleins de fierté et de dédain
» avec lesquels l'épée s'élevait contre
» elle, elle lui adressa les vers sui-
» vans :

» Je garde le silence, mais lorsque
» je rassemble mes armées, je fais trem-
» bler par mes paroles les hommes les
» plus fiers ; mes discours sont l'orne-
» ment de la tête des rois, mes parabo-
» les excellentes sont la joie des cœurs.
» C'est de moi que l'Eternel s'est servi
» pour tracer les dix commandemens
» qu'il a donnés sur le mont Horeb,
» afin qu'ils fussent l'héritage de son
» peuple. Quand l'épée se lève, je dresse
» mon étendard au-dessus de sa tête ; au
» jour où elle ose se mesurer avec moi,

» je reste debout, et elle tombe étendue
» à mes pieds.

» A ce récit, dit Héman - Ezrachi,
» lorsque j'eus entendu ces éloquens
» discours de mon ami, j'écrivis ses
» paroles sur les tablettes de mon cœur;
» je les gravai avec une pointe de fer.
» Je passai plusieurs jours avec lui;
» mes heures et mes années s'écoulaient
» dans la joie et les délices, jusqu'à l'in-
» stant où le temps me blessa de la flè-
» che de sa séparation, et me sevra du
» lait de sa compagnie. »

Quoique de semblables citations sortent de notre cadre, nous avons cru
pouvoir nous permettre celle-ci, qui
donnera une idée de la poésie hébraïque, modifiée toutefois par l'influence
musulmane et le contact de la brillante
imagination des Arabes.

Cette époque fut féconde en philosophes, en astronomes et en géogra-
phes. Beaucoup de Juifs se distinguèrent comme traducteurs. Une famille,
celle des Tybbon, se voua spécialement
à ce genre de travail. Moses Aben Tybbon traduisit de l'arabe la géométrie

d'Euclide, les commentaires d'Abu-Achmed sur Aristote, les aphorismes d'Hippocrate, etc., etc. Alphonse X, roi de Castille et de Léon, prince passionné pour l'étude de l'astronomie, donna ordre à Judas Haccohen de traduire en espagnol l'ouvrage arabe d'Avicenne sur les étoiles. Cette traduction parut en 1256.

Parmi les écrivains inutiles, c'est-à-dire les écrivains dogmatiques et cabalistiques, brilla au premier rang un rabbin dont nous avons déjà parlé, et qui appartient à l'Orient par sa vie et par sa mort, Moïse Bar Nachman, dit *Rambam*, décoré des noms fastueux de *Prince de la cabale*, de *Luminaire*, de *Couronne de sainteté*. Ce rabbin, né à Gironne en 1194, mourut à Jérusalem, où il était allé fonder une synagogue. Du reste, on remarque dans les écrits de Nachman, au milieu de toutes les divagations de la cabale et de toutes les subtilités de la *science* théologique, les principes d'une morale pure et élevée. Rambam fut l'un des partisans de Maimonides, et combattit pour sa cause.

Pour compléter ce tableau sommaire de la littérature juive en Espagne durant le treizième siècle, il nous reste à parler du célèbre Isaac Ben Sid, rabbin de Tolède, sous la direction duquel furent rédigées les fameuses *Tables Alphonsines.* « Les tables astronomiques de Ptolomée étaient devenues défectueuses, et l'on sentait le besoin d'en composer de nouvelles : plusieurs essais avaient été faits, mais sans bonheur : Alphonse voulut combler ce vide. Il rassembla donc à Tolède, du vivant de son père, tous les savans qui jouissaient de quelque réputation, Chrétiens, Juifs ou Arabes. Aben Sid fut placé à leur tête. On voyait sous lui les rabbins Samuel Jehuda, l'Alfaki, et autres. L'ouvrage parut le même jour où Alphonse monta sur le trône, le 1er juin 1252 ; les Tables furent également fixées à cette date, et coûtèrent, dit-on, à Alphonse, 400,000 ducats. Les Tables alphonsines sont fondées sur les mêmes hypothèses que celles de Ptolomée ; il y a seulement quelque différence dans le mouvement moyen des planètes. Les rédacteurs adoptèrent le prétendu mouvement d'oscillation ou de trépidation des étoiles en longitude, inventé ou renouvelé par Thébith ; or, comme les étoiles s'étaient avancées, depuis Ptolomée, de plus de 15°, il y avait nécessairement erreur ; ils conçurent alors l'idée de réunir le mouvement progressif au mouvement de Thébith, et conformèrent ces hypothèses accumulées, aux nombres mystérieux de la cabale, plutôt qu'aux observations astronomiques. Il est inutile de dire toutes les méprises qu'enfanta ce système. Alphonse ne tarda pas à s'apercevoir que le mouvement de trépidation était contraire aux phénomènes célestes ; éclairé par les saines idées d'Ablategnius, il fit faire une seconde édition de ses Tables, qui parut en 1256. Dans celle-ci, le mouvement des étoiles était direct d'un degré en soixante-six ans. Ces Tables ont été originairement composées en hébreu, et traduites en latin par T. Moïse Cariathiarim. Ce sera toujours un titre incontestable de gloire pour les rabbins d'avoir élevé à l'astronomie et à la chronologie un monument dont les progrès de la science ont diminué la valeur, mais qui témoignera cependant de la science des rabbins et de leurs utiles travaux [1]. »

Le treizième siècle fut pour les Juifs de France un temps d'épreuve. Une guerre à outrance fut déclarée à leurs livres saints, et notamment au Talmud, dont on brûla un nombre prodigieux d'exemplaires. Beaucoup de Juifs furent égorgés par les croisés de France avant le départ pour la Terre-Sainte. Ces persécutions ne ralentirent pas le zèle des rabbins pour la science, et plusieurs se distinguèrent dans cette triste époque.

Le quatorzième siècle, l'un des plus féconds en désastres pour la nation juive, ne vit point cependant s'éteindre pour elle le flambeau des lettres; mais les persécutions produisirent, selon l'usage, une tendance au fanatisme, qui fut le caractère des écrits rabbini-

[1] *Juifs d'Occident*, par M. Arthur Beugnot.

ques de cette époque. Les rabbins de Barcelone se signalèrent par la publication d'un décret qui défendait aux Juifs d'étudier la philosophie avant vingt ou vingt-cinq ans, âge où leur esprit était imbu déjà de tous les préjugés nationaux. Parmi les théologiens qui se firent un nom dans le quatorzième siècle, il faut citer, en Espagne, la célèbre famille des Ascer. Le plus distingué des membres de cette docte famille fut Jacob Ben Ascer, qui publia à Tolède, sous le titre d'*Arbaa Turrim* (les quatre ordres), un savant et curieux commentaire des lois de Moïse. Menachen Ben Zérach, né en 1308, dans la Navarre, après avoir vu son père, sa mère et quatre de ses frères mis à mort sous ses yeux, dans les horribles massacres des Pastoureaux, chercha un asile en Espagne, où il s'illustra par son *Tzéda Haddarech* (manuel pour la route), traité fort estimé du culte et des cérémonies judaïques. Gersonides Lévi, né en 1288, à Baniolas, écrivit des commentaires sur presque tous les livres de l'Écriture sainte, et, ce qui vaut mieux,

.4

sur les ouvrages d'Aristote et d'Averroès.
Vers l'an 1300, Samuel Ben Benaste
traduisit en hébreu le livre de *la Conso-
lation*, de Boèce. D'autres rabbins, qu'il
est inutile de nommer, se distinguèrent comme théologiens et comme ca-
balistes. Pendant ce siècle, la poésie ne
resta pas sans culture. A la tête des
poètes de cette époque se place Bedrasci, également remarquable par l'é-
lévation du style et la profondeur de
la pensée. Son principal ouvrage est le
Bechinath Olam (appréciation du monde), l'une des productions les plus dis-
tinguées de la littérature rabbinique.
Plusieurs écrivains français ont traduit en prose ce traité de philosophie
religieuse, dont plusieurs pages n'auraient pas été désavouées par l'auteur
des *Tusculanes* et des *Devoirs*. Ce qui
n'est pas moins honorable pour la mémoire de Bedrasci, c'est qu'il s'éleva
avec force contre l'absurde et funeste
décret de la synagogue de Barcelone,
qui défendait aux jeunes Israélites d'é-
tudier la philosophie avant l'âge où les
préjugés d'une première éducation les

auraient prémunis déjà contre le danger des lumières.

Un autre poète célèbre de cette époque, Joseph Ben Jachia, né en 1280, changea en vers tous les traités et tous les commentaires qu'il avait faits sur le Talmud : c'était du talent bien mal employé.

Pendant ce siècle, les rabbins espagnols cultivèrent les sciences avec succès. Il faut remarquer cependant que leurs études se portèrent uniquement sur la médecine et l'astronomie. Ils se distinguèrent et beaucoup de Juifs se distinguent encore par un grand dédain pour la physique et la chimie, qu'il n'est pas, en effet, toujours facile de concilier avec les livres saints. Parmi les savans de ce siècle, nous citerons Jacob Ben Machir Ben Tybbon, qui traduisit en hébreu les *Élémens d'Euclide*; Meir Algudes, célèbre médecin, qui traduisit les *Éthiques* d'Aristote, et enfin Isaac Bar Samuel Ben Israel, auteur du *Jesod Olam* (fondement du monde), grand ouvrage astronomique, qui se termine par un traité de chronologie juive.

La France ni l'Italie ne produisirent, au quatorzième siècle, aucun écrivain juif qui mérite d'être cité. Cependant cette dernière contrée vit s'élever alors la fameuse et riche académie de Bologne, fondée par la puissante famille de Hannaarim, qui érigea dans cette ville la plus belle de toutes les synagogues d'Italie.

La découverte de l'imprimerie, au quinzième siècle, ne fut pas pour les Juifs, comme on l'a observé avec raison, un événement aussi important que pour les Chrétiens. Leur littérature, qui n'avait point sommeillé, n'eut pas de réveil. L'imprimerie, en multipliant les productions des langues étrangères, ne fit que redoubler leur haine et leur antipathie pour tout ce qui n'était pas hébreu ; tandis qu'au contraire les savans chrétiens recherchèrent les principaux ouvrages de grammaire écrits par les rabbins, et ces livres furent imprimés des premiers. C'est en Italie, à Soncino, dans le duché de Milan, que parurent les premières impressions hébraïques. Une Bible in-folio fut pu-

bliée en 1488. Ce ne fut qu'au commencement du seizième siècle que les
caractères hébreux furent connus dans
les imprimeries de Paris. On sait quel
degré de perfection atteignit en ce genre
Robert Étienne.

L'expulsion des Juifs d'Espagne, en
1492, frappa au cœur la littérature
rabbinique. Parmi les derniers rabbins qui s'illustrèrent en Espagne, au
quinzième siècle, il faut citer Joseph
Albo, auteur du *Ikkarim* (ou *fondemens*), ouvrage où brillent, au milieu
des subtilités du rabbinisme, les lueurs
d'une philosophie sage et éclairée.

Une vie bizarre et aventureuse, une
érudition immense, une activité d'esprit prodigieuse et s'appliquant à tout
avec un égal succès, beaucoup d'agitation, de mouvement, de gloire, un caractère ardent, élevé, audacieux, voilà
ce qui nous frappe dans Abarbanel [1],
qui fut la gloire du judaïsme au quinzième siècle. Tour à tour conseiller d'Alphonse V, chef des finances de Ferdi-

[1] Né à Lisbonne en 1437, mort à Venise en
1508.

nand le Catholique, chassé d'Espagne
par l'intolérant édit de ce prince, de
Naples par la conquête des Français,
vainqueurs d'Alphonse II, dont il avait
gagné la confiance et qu'il voulut suivre
dans sa fuite ; passant à Corfou, après
la mort de ce prince ; appelé à Venise
pour concilier un différend survenu entre les magistrats de cette république et
le roi de Portugal ; à la fois financier,
diplomate, homme de science et de
cour ; négociateur habile, et théologien
profond ; infatigable au travail ; aussi
versé dans l'érudition chrétienne que
dans la science talmudique ; possédant
Moïse et Platon, Aristote et Maimonides ; tel fut Abarbanel, qui eut aussi
peu de fixité dans ses opinions que
dans sa vie, et dont les nombreux écrits
portent l'empreinte d'un esprit vaste et
mobile, d'une imagination ardente qui
se déploie jusque dans ses commentaires sur les livres saints, où il développe
les lumières d'une haute raison et d'une
admirable sagacité [1].

[1] Les principaux écrits d'Abarbanel sont:
Perusch al hattorah (commentaire sur la loi);

Parmi les rabbins espagnols du quinzième siècle qui étendirent la sphère de leurs travaux au-delà de la Bible et du Talmud, il faut citer Joseph Ben Scem Tov, qui écrivit en arabe un commentaire sur l'*Ethique d'Aristote*, et Abraham Bivasc, qui fit le résumé des livres analytiques du même écrivain. Dans la multitude d'auteurs dogmatiques et cabalistiques qui s'offrent à nous, nous citerons Joseph Gigatella, surnommé le *Cabaliste divin*. Une célébrité plus réelle fut celle de David Vidal, médecin habile et poète distingué, auteur du *Michtam le David* (auréole de David), et du *Cheter Thorah* (couronne de la loi). Un autre médecin, Salomon Ben Virga, se rendit illustre par un ouvrage historique, *Scevet Jehuda* (la verge de Juda), où il raconte les calamités du peuple hébreu, ouvrage souvent im-

Rosch amanah (le principe de la foi); *Perusch al nebjim rischonim* (commentaire sur les premiers prophètes); *Maschmia jeschnah* (le prédicateur du salut), ouvrage où il entretient les Juifs dans l'espoir de leur rétablissement, etc., etc.

primé, et qui jouit d'une grande renommée parmi les Juifs. Terminons
cette nomenclature en citant un autre
annaliste, Abraham Zacut, auteur du
Juchassin, ouvrage de chronologie qui
embrasse toute l'histoire juive, depuis
Moïse jusqu'à l'année 1500.

Tels furent en Espagne les derniers
efforts de la littérature rabbinique. Les
Juifs proscrits transportèrent ailleurs
leur industrie, leurs lumières et leurs
préjugés, abandonnant l'Espagne à l'inquisition et à ses bûchers.

Ils furent en Italie ce qu'ils avaient
été partout, faisant de la philosophie
avec le Talmud, et de la science avec la
cabale. Un écrivain original se montra
pourtant dans ce siècle : ce fut Judas,
fils d'Abarbanel, qui écrivit, en latin,
selon Bartholocci, en italien, selon
Wolf, trois *Dialogues sur l'amour*, ouvrage dégagé de tout le fatras rabbinique, et qui mérite une place à part,
tant pour l'exécution que pour le sujet,
parmi les productions de la littérature
juive. Nous citerons plusieurs grammairiens et critiques, tels qu'Elias, sa-

want Massorète, qui mourut à Venise, en 1549, après avoir enseigné l'hébreu à l'école de Padoue; Joseph Kolon Tsarphati, profond talmudiste de Pavie; Elias de Candie, qui joignit la pratique de la médecine à l'enseignement de la philosophie; et enfin Mosès Chaviv, écrivain fécond, qui publia un traité de poésie sous le titre de *Darche Noham* (le chemin d'aménité), et qui fit imprimer à Naples, en 1488, le commentaire d'*Aben Ezra*, sur le Pentateuque. Un médecin célèbre, Elias Bar Juda, publia le *Sepher Tholedoth*, livre où il traite des maladies des femmes grosses. Cet ouvrage curieux comme monument de la science à cette époque, est écrit sous la forme d'un dialogue entre un père et sa fille. La fille (Dina) découvre ses maux à son père (Jacob), qui lui enseigne les remèdes.

Le quinzième siècle n'offre en France aucun rabbin, aucun écrivain juif, qui mérite d'être cité. Proscrits, persécutés, ne respirant pour ainsi dire qu'en fraude, les Juifs dûrent négliger

ces travaux littéraires dont rien n'avait
pu jusque là les détourner, ou s'ils les
cultivèrent encore, ce fut en s'envelop-
pant d'un mystère que l'avenir n'a pu
percer. Ce que nous disons du quinzième siècle s'applique également au
seizième, qui fut tout aussi stérile pour
les lettres juives en France. C'est désormais l'Italie qui fixera nos regards,
comme le dernier asile de la littérature
rabbinique.

Cette littérature jeta au seizième siècle un assez vif éclat. Un Juif de Naples, Abraham de Balucès, professeur à
Padoue, publia sous le titre de *Miknè
Abram* (le peuple d'Abraham), une
excellente grammaire. Un Dictionnaire
en trois langues (en hébreu, en italien et
en latin), où sont consignées toutes les va-
riations qu'a subies l'idiome hébraïque
depuis les livres saints, est dû aux veilles
d'un Juif de Spolète, David de Pomis,
né en 1525. *Tzemach David* (le germe
de David), tel est le titre de cet important lexique, dont l'auteur publia
d'autres ouvrages écrits en langue vulgaire. Mantoue voit naître un historien,

Azaria de Rubeis, qui se distingue par des travaux d'histoire et de philologie, d'une portée supérieure à celle des écrivains rabbiniques. Dans son *Méor Enaïm* (la lumière des yeux), il combat les préjugés de sa nation, s'élève contre le mépris qu'elle professe pour les historiens étrangers, et discute avec talent plusieurs points litigieux de chronologie et d'histoire. Joseph Cohen, né en 1497 à Avignon, écrit l'histoire des guerres des Français et des Turcs dans la Terre-Sainte, ainsi que celle des exils de la nation juive jusqu'à l'année 1553. Un Portugais, Samuel Usquès, fait paraître à Ferrare, en 1558, les *Consolations et les Tribulations d'Israel* (*consolaçam as tribulacœns de Israel*). Cet ouvrage, divisé en trois dialogues, traite 1° des infortunes du peuple juif avant et après la ruine du premier temple; 2° de leurs malheurs pendant la durée et après le renversement du second temple; 3° de leurs infortunes postérieures, jusqu'à leur expulsion d'Espagne et de Portugal. Le plus célèbre écrivain du temps fut un écrivain cabaliste, Ghe-

dalia, né à Imola, mort à Turin en
1588, auteur du *Scalsceleth Hakkabalas*
(la chaîne de la cabale), ouvrage dont
la première partie, fort estimée même
des Chrétiens, présente un tableau de
la chronologie sacrée et de la succession
des docteurs juifs, jusqu'au temps où
écrivit l'auteur. Les deux autres parties
de l'ouvrage traitent, entre autres matières, des astres, de l'âme, de la for-
mation du fœtus, des anges, des dé-
mons, de l'enfer et du paradis. C'est en
dire assez sur leur *importance*. Un écrivain moins connu, quoique d'un ordre
supérieur, Abdias Sphornus, réfute,
dans son *Or Ammim* (la lumière du peuple), la doctrine des épicuriens et des
athées. Un Juif tunisien, que Bombergue attache à son imprimerie comme
correcteur, Jacob Ben Chaiim, donne
ses soins à l'édition de la célèbre Bible
rabbinique de 1525, pour laquelle il
met à contribution toutes les Bibles an-
térieures. Il rétablit le texte sacré dans
toute sa pureté, et développe ses idées
dans une savante préface. Un géogra-
phe, Abraham Ben Mordachaï, publie

une *Lettre sur le voyage du monde* (Igghe-
reth occhoth olam), le meilleur ouvrage que les Juifs possèdent en ce
genre. En dépit de l'ordonnance de
Grégoire XIII qui, en 1581, avait défendu aux Juifs l'exercice de la médecine, un Juif de Naples, Arie Abraham, né en 1542, se rend célèbre dans
cette science ; et ses *Dialogues sur l'or,*
où il traite de l'usage de ce métal dans
la médecine, ont fait penser que les
Juifs eurent les premiers connaissance
de l'emploi qu'on pouvait faire de l'or
dans l'art de guérir. Telle fut la littérature juive au seizième siècle : quoique
son caractère le plus général soit la
fixité, et qu'elle ait été stationnaire de
sa nature, on voit pourtant que son domaine s'est agrandi ; mais ce qu'elle
gagna en étendue, elle le perdit en
éclat. Le grand siècle du rabbinisme
fut le douzième.

CINQUIÈME ÉPOQUE.

HISTOIRE DES JUIFS DEPUIS LA FIN DU SEI-
ZIÈME SIÈCLE JUSQU'A NOS JOURS.

JUIFS D'ORIENT.

DEPUIS LE DIX-SEPTIÈME SIÈCLE JUSQU'AU DIX-
NEUVIÈME.

Nous avons laissé l'histoire des Juifs
d'Orient à la prise de Bagdad par Amurat. Depuis cette époque leur condition
n'a point changé. Ils habitèrent encore, mais en petit nombre, les débris de
leur antique patrie. L'école de Saphet:
remplaça la célèbre école de Tibérias.
Beaucoup de rabbins d'Europe vinrent
y professer et y écrire. Ce fut la dernière des écoles juives d'Orient. Constantinople, où les Juifs habitaient en

foule, vit fleurir leur commerce plutôt que leur littérature ; cependant sous Sélim II ils établirent une imprimerie dans la capitale de l'empire turc. Les livres saints se répandirent alors dans toutes les parties de l'Orient ; et beaucoup de rabbins étrangers vinrent à Constantinople faire imprimer des Bibles et des commentaires de l'Ecriture. Une autre imprimerie juive s'établit à Salonique ; et cette ville fut le théâtre que choisit le célèbre imposteur Zabathaï Zévi qui, vers la fin du dix-septième siècle, agita toutes les synagogues d'Asie, fut regardé long-temps comme le Messie, et finit par être décapité à Constantinople, après avoir embrassé le mahométisme.

Les Juifs habitent l'Ethiopie depuis une haute antiquité. Quand Bruce visita l'Abyssinie en 1771, il y trouva un peuple d'Israélites, ayant une capitale, un roi, une reine descendant de la tribu de Juda. Ces Juifs ont perdu l'usage de l'hébreu ; ils ne connaissent le nouveau Testament que de nom, attendent le Messie, qu'ils se représentent comme un conquérant, comme un prophète, et observent la loi de Moïse avec le plus rigoureux scrupule.

Les Juifs, en Egypte, ont toujours joui d'une grande liberté, et de la considération que leur donne leur habitude du commerce et des affaires. Ils y sont très-nombreux, très-puissans, surtout au Caire, où ils ont trente synagogues.

On les trouve dans toutes les parties de l'Afrique. L'empire de Maroc, où ils se réfugièrent en grand nombre lors de leur bannissement d'Espagne et de Portugal, et où ils habitaient déjà dès le onzième siècle, en compte près de trois cent mille livrés au commerce, à l'agriculture, ou aux diverses fonctions de l'Etat. Le peuple les méprise, et le gouvernement les emploie. On en a vu, revêtus du caractère d'ambassadeurs, habiter les cours étrangères.

A Fez, à Alger, ils ont des écoles, des synagogues. Dans les contrées de l'Afrique les plus reculées, des familles juives se présentent au voyageur étonné d'une si vaste dispersion. Ils habitent les villes et les déserts ; on les trouve sous les toits et sous la tente avec leurs Bibles, leurs docteurs, et leurs cérémonies séculaires.

Les changemens survenus en Europe pendant les dix-huitième et dix-neuvième siècles n'ont nullement influé sur la condition des Juifs orientaux. Les états du grand-seigneur renferment encore aujourd'hui plus d'un million d'Israélites. Dans presque toutes les villes de la Grèce, ils avaient des comptoirs et des magasins avant la glorieuse révolution qui délivre ce pays du joug ottoman. Quelques détails sur les Juifs de l'Arabie, de la Chine et du Malabar complèteront cette partie de notre histoire.

DES JUIFS DE L'ARABIE, DE LA CHINE, DE LA CÔTE DU MALABAR, DE L'INDOSTAN, etc.

Il est difficile de déterminer si les Israélites d'Arabie sont arrivés dans cette contrée après la destruction du second temple, ou s'ils y sont venus d'Egypte. Ils habitent encore en assez grand nombre la plupart des villes de l'Arabie Heureuse, et au nord-est de

Médine se trouve le district de Kaïbar peuplé de Juifs indépendans. Chassés, sous le califat d'Omar, de la ville de Kaïbar et de son district, on ignore à quelle époque ils en ont recouvré la souveraineté. Ils s'y gouvernent encore par leurs propres lois, ont des cheicks, comme les autres Arabes, et appartiennent, dit-on, à la secte des Caraïtes.

Le premier établissement des Juifs dans l'empire chinois remonte à une époque très-reculée. D'après les relations des missionnaires, ce fut entre l'année 202 et l'année 195 avant l'ère vulgaire, qu'ils s'établirent dans cette contrée, sous la protection des fondateurs de la dynastie des *Han*. Ces Juifs appartenaient, selon toutes les apparences, à la captivité de Babylone. Autrefois très-considérés à la Chine, où ils occupaient même les premières fonctions de l'Etat, ils ont aujourd'hui bien perdu en nombre et en importance. Leur principale résidence est la ville de *Cai-Fong-Fou,* capitale de la province de Honan. On y compte à peu près mille Juifs. Ils ont une belle synagogue dont la forme se rapproche beaucoup, dit-on, de l'ancien temple de Jérusalem. Ils y font leurs prières, tournés vers l'occident, c'est-à-dire vers leur antique patrie; ils possèdent le Pentateuque complet et les deux premiers livres des Rois; les autres livres canoniques offrent des vides ou manquent entièrement. On attribue ces lacunes à un grand incendie qui détruisit en 1620 la synagogue de *Cai-Fong-Fou*, et où les livres sacrés périrent. Ce qui est très-remarquable, c'est que les Israélites chinois refusèrent obstinément d'accepter du père Gozani, missionnaire italien qui les visita au commencement du siècle dernier, une Bible d'Amsterdam qu'il leur offrait pour suppléer à ce qui leur manque des livres saints.

Les Juifs chinois prononcent l'hébreu à la manière des Allemands et des Polonais. Ils se servent du calendrier commun aux autres Israélites, et observent le sabbat avec la plus grande rigueur; ils n'allument point de feu ce jour-là et préparent leur nourriture le jour précédent; ils se distinguent toutefois par une grande tolérance, ne s'occupent nullement de faire des prosélytes, et ceux d'entre eux qui sont versés dans les lettres chinoises ont en grande vénération le nom de Confucius. Leur Pentateuque est écrit, comme en Europe, avec un roseau et avec de l'encre bien noire faite à cet usage ; il leur est défendu d'y employer le pinceau et l'encre chinoise. Ils attendent le Messie, c'est-à-dire un prophète devant donner au monde une face nouvelle. Ainsi ce peuple se retrouve en tous lieux toujour le même ; ses mœurs, ses rites, ses coutumes n'ont point changé. A l'extrémité du monde, dit l'abbé Brottier, on rencontre les Juifs tels que les a peints Tacite il y a tant de siècles.

Les premières notices qui concernent les Juifs de la côte du Malabar ne sont venues en Europe que vers la fin du dix-septième siècle. Ces Juifs sont distingués en Juifs blancs et en Juifs noirs, et ces derniers paraissent devoir leur origine à des esclaves noirs convertis au judaïsme par leurs maîtres, les Juifs blancs. Les Juifs noirs ont une synagogue dans la ville de Cochin ; mais la grande masse de cette tribu habite l'intérieur de la province, où l'on a de la peine à les distinguer des Hindous. Ils sont regardés par les Juifs blancs comme une race inférieure, tant les préjugés de caste sont puissans même parmi ceux qui en ont le plus souffert, et qui devraient le plus les détester.

On trouve dans Buchanam [1] et dans la relation de Moïse Péreyra de Paiva [2], Juif d'Amsterdam, qui, en l'année 1686, fit un voyage à Cochin, un monument curieux de la protection accordée aux Juifs de cette contrée, par un monarque indien, Scharam Pérumal, dont l'on place le règne au huitième siècle de l'ère chrétienne. Voici l'extrait de cette pièce singulière :

« Moi, *Airvi*, Brahmin, ayant levé » ma main vers Dieu, j'ai accordé par » les présentes qui dureront plusieurs

[1] Buchanam. *Christian Researches in Asia.* London, 1814.

[2] *Noticias dos Judeos de Cochim,* mandadas por Mosseh Pereyra de Paiva. Amsterdam, 5447 (1768).

» siècles, faites à Cranganor, la trente-
» sixième année de mon règne, au
» nommé Joseph *Rabban*, le droit de
» faire usage de tous les signes de la
» royauté, savoir : écusson à cinq cou-
» leurs, monter sur l'éléphant ou à che-
» val, précédé du héraut, torches de
» jour avec palanquins, parasol, tam-
» bours et trompettes, armé d'arcs et de
» carquois, marchant sur des tapis éten-
» dus sur son passage, et au milieu des
» acclamations. Je lui donne la pro-
» priété et le nomme chef de soixante-
» douze maisons et d'une place fortifiée,
» sans qu'il soit tenu de payer aucun
» droit de vasselage ; tous ces priviléges
» étant pour ledit Joseph Rabban, ses
» fils, neveux et gendres, tant que du-
» rera le monde. »

Le séjour des Juifs dans le Malabar
précéda de long-temps la concession de
ces priviléges. On pense qu'ils arrivèrent dans ce pays après la dernière
destruction du temple, l'an 68 de l'ère
vulgaire. Bien peu des anciennes familles se sont perpétuées ; mais il en
vint un grand nombre d'Allemagne, de

Turquie et d'Arabie. Les Juifs noirs,
qui ont la même croyance, le même
culte, les mêmes prières, sont, comme
nous l'avons dit, des gens du Malabar
prosélytes et affranchis. Des voyageurs
qui ont visité Cochin à une époque peu
reculée, y ont trouvé mille Israélites [1],
dont cinq cents descendans des familles
de la Terre-Sainte ou de Juifs européens, et cinq cents noirs. Ils vivent en
grande partie du produit de leurs ver-
gers de cocotiers. Leur temple, qui a la
forme d'une synagogue hollandaise, est
éclairé par seize lustres d'argent mas-
sif, restes de l'opulence des anciens fidèles. Après la défaite de Tippoo-Saëb,
en 1799, Cochin passa sous la domination de la compagnie des Indes; c'est
maintenant une ville ruinée. Lorsque le
docteur Buchanam reçut du marquis
de Wellesley, gouverneur général de
l'Inde, la commission d'y faire des recherches dans l'intérêt de la religion et
des sciences, il eut le bonheur de dé-
couvrir des manuscrits hébreux et syria-

[1] *Annual Register*, 1808, pag. 31.

ques. En 1812 on publia, aux frais de l'université de Cambridge, le Pentateuque, imprimé sur une copie venue du Malabar. La parfaite identité du texte avec l'édition de Vanderhoogt, et avec celle d'Athias, imprimée à Amsterdam en 1661, prouva la fidélité des trois copies, leur source commune, et répondit victorieusement à l'accusation que l'on avait intentée depuis long-temps aux Juifs d'Occident, d'avoir altéré ou omis certains mots dans le texte hébreu, pour affaiblir les argumens des Chrétiens. C'était donc un objet de haute importance que la connaissance des livres sacrés de leurs frères d'Orient, qui, étrangers à toute controverse, et sans communication avec les Israélites occidentaux, n'auraient eu aucun motif pour altérer la pureté des livres saints.

Environ dix mille Juifs sont répandus dans l'Indostan, dans le territoire des Marattes et dans les états du Mogol [1]. Ils sont cultivateurs ou guerriers.

---

[1] Buchanam, pag. 238 et suiv.

JUIFS D'EUROPE.

———◆———

ALLEMAGNE.

TEMPS ANTÉRIEURS AU SEIZIÈME SIÈCLE.

———◆———

S'il faut en croire quelques traditions, le séjour des Juifs en Allemagne serait d'une haute antiquité ; l'on aurait trouvé à Ulm, en 1348, l'original d'une lettre écrite de Jérusalem, pour leur donner avis de la mort de Jésus-Christ. Voici cette lettre [1] : « *Aux Juifs qui sont dans la* » *Souabe, Salut :*

» Nous avons sujet de rendre grâces » à Dieu qui nous a délivrés d'une grande » affliction, car nous vous apprenons » que Jésus le Nazaréen, fils de Joseph, » est mort. Nous ne pouvions plus sup-» porter ses blasphèmes : nous l'avons » dénoncé au préteur Romain qui a reçu

———

[1] Basnage, *Histoire des Juifs*, t. VII, pag. 257, édit. La Haie, de 1716.

...4

» notre accusation, l'a fait fouetter et
» crucifier selon ses mérites. Il a aussi
» mis en fuite ses disciples. Dieu vous
» conserve ! »

On sait que les Juifs habitaient Trèves et Cologne dès le temps d'Adrien. Jusqu'au dixième siècle, leur trace disparaît pour ainsi dire en Allemagne. A cette époque, on les retrouve nombreux, principalement en Bohème. Ils avaient une synagogue à Prague. La dispersion d'Orient, dans le onzième siècle, les multiplia dans ce pays, ainsi que dans la Hongrie et la Pologne. A cette époque, un prêtre, nommé Gotescal, se mit à la tête de quinze cents brigands et déclara la guerre aux Juifs. Il parcourut la Franconie, la Hongrie, trouvant partout aide et protection. Mais lorsqu'on s'aperçut que l'armée de ce prêtre, de ce Trapiste du onzième siècle, ne se bornait pas à massacrer les Juifs, mais pillait les Chrétiens et violait leurs femmes, on surprit ces brigands pendant une de leurs orgies sanglantes, et Gotescal fut tué avec la majeure partie de ses sicaires.

Les croisades allumèrent contre les Juifs une persécution nouvelle. Les croisés en firent un massacre horrible à Cologne, à Mayence, à Worms, à Spire. Un grand nombre de ces malheureux achetèrent la vie par l'abjuration. Beaucoup se tuèrent eux-mêmes. Ces horreurs signalèrent la fin du onzième siècle. L'état des Juifs pendant le douzième ne s'améliora pas d'une manière sensible. Cependant, s'il faut en croire Benjamin de Tudèle, il trouva en Allemagne, à cette époque, un assez grand nombre de Juifs riches et instruits ; mais ceux des bords du Rhin languissaient dans l'ignorance et dans la misère. On sait que le douzième siècle fut l'époque brillante de la littérature rabbinique. Les Juifs d'Allemagne prirent peu de part à ce grand mouvement littéraire ; mais s'ils eurent peu de rabbins qui se distinguèrent par leurs écrits, ils en eurent en revanche qui se signalèrent par des miracles ; de ce nombre fut Rabbi Samuel, de Vienne, qui mérita le titre de *prophète* par les nombreux oracles qu'il prononça. Son fils Juda le Pieux fit aussi des prodiges. Un autre rabbin, Petachias, acquit un genre d'illustration plus solide. Il voyagea comme Benjamin de Tudèle, et fit le récit de son long pélerinage, qui avait pour but de connaître l'état de ses frères dans les diverses parties du monde. Il rapporte un fait singulier : il connut en Orient un chef de la captivité, nommé Samuel, dont la fille, fort versée dans la loi et le Talmud, donnait des leçons publiques à un grand nombre de disciples ; mais comme elle était fort belle, et qu'il était à craindre qu'elle inspirât de l'amour à quelqu'un de ses écoliers, elle donnait ses leçons à la fenêtre de sa maison, derrière un treillage, de sorte qu'on l'entendait sans la voir.

Vers le milieu du treizième siècle, une irruption de Tartares en Allemagne et en Hongrie attira de grandes persécutions sur les Juifs qu'on accusa, selon l'usage, de favoriser ces ennemis du nom chrétien. En 1241, les Juifs de Francfort ayant voulu s'opposer à la conversion d'un de leurs frères qui demandait le baptême, le peuple s'ameuta, prit les armes, et à la suite d'un combat où périrent quelques Chrétiens et beaucoup de Juifs, un assez grand nombre de ces derniers abjurèrent la foi de leurs pères, pour éviter une mort certaine.

En Allemagne, comme ailleurs, il n'est pas de calomnie absurde qu'on n'ait répandue contre les Juifs. Tantôt on leur impute de tuer de jeunes Chrétiens à la fête de Pâques, tantôt de frapper à coups de couteau l'image du Christ, qui aussitôt verse du sang; une autre fois ils font mourir des enfans à coups d'épingle, et en pressurent le sang pour en composer des remèdes magiques. Sur de pareilles accusations, on les brûle, on les égorge; trop heureux quand on se borne à les dépouiller. Au milieu de ces horribles traitemens, ils se perpétuent, ils se multiplient; ils ont des savans et des docteurs. Ajoutons toutefois que les princes s'étaient déclarés alors les protecteurs des Juifs qu'ils défendaient, comme les soutiens naturels du commerce, contre l'intolérance du clergé et d'une multitude fanatisée. En 1267, Boleslas accorde liberté de conscience aux Juifs de Lithuanie ; il y joint de grands priviléges. La même année, le concile de Vienne rend contre eux un décret qui prouve leur puissance et leur nombre : il les soumet à un impôt au profit des curés, dont les revenus diminuaient considérablement par le nombre toujours croissant des familles juives, et il leur défend de construire des synagogues nouvelles. En 1285, on obligea les Juifs d'Augsbourg à une nouvelle formule de serment judiciaire. Comme la superstition était le caractère du temps, et que la Vierge et les saints étaient alors beaucoup plus souvent invoqués que Dieu lui-même, les Juifs, que l'on faisait jurer ou par le nom des saints, ou par la bienheureuse Vierge Marie, ou même par le Fils de Dieu, ne se faisaient aucun scrupule de prêter ces sermens et de les violer. Quand on eut remarqué cette espèce de parjure, on les obligea de jurer toujours par le nom de Dieu, par la loi que Moïse leur avait donnée, et on leur faisait toucher de la main leurs saintes Écritures.

En 1264, un paysan fanatique nommé *Flaisch*, et dont le nom mérite moins d'être transmis à la haine qu'à la pitié, profite des troubles où la concurrence d'Adolphe de Nassau et d'Albert d'Autriche avait jeté l'Allemagne, pour faire une levée de boucliers contre les Juifs. Il parcourt, à la tête d'une troupe d'égorgeurs, le haut Palatinat, la Franconie et la Bavière, brûlant et massacrant les Juifs. Albert d'Autriche, parvenu au trône, arrêta ces horreurs. Le commencement du quatorzième siècle fut signalé par des atrocités du même genre. Le prétexte de ces massacres était toujours une hostie que des Juifs avaient percée à coups de couteau, et qui avait versé du sang et poussé des gémissemens et des soupirs.

En 1344, Louis Ier, roi de Hongrie, chasse les Juifs de tous ses états ; cinq ans après, l'ordre des Flagellans prend en Allemagne une nouvelle vigueur. Les habitans de Spire, de Strasbourg s'enrôlent dans cette confrérie. L'occision des Juifs semblait être un des statuts de l'ordre. On les massacre tous à Francfort.

Bientôt la peste ravage l'Allemagne. La contagion parut respecter les Juifs. C'en est assez pour qu'on les tienne comptables du fléau. On les brûle; ceux de Mayence se défendent et immolent un grand nombre de Chrétiens. Il ne resta dans la ville ni un seul Juif, ni une seule maison juive, ni une seule synagogue. Tous ceux d'Ulm furent brûlés. Ils ne furent tranquilles qu'en Lithuanie, sous la protection de Casimir le Grand, amoureux d'une belle juive, nommée Esther, comme l'ancienne libératrice, et qui fit accorder à ses frères de grands priviléges, qui se trouvaient d'ailleurs d'accord avec les intérêts du prince et son esprit éclairé.

Ceux qui s'étaient réfugiés en Bohème n'y purent trouver un long repos. A Prague, en 1389, à la fête de Pâques, on mit le feu à la synagogue où ils étaient tous rassemblés, et pas un n'échappa aux flammes. Deux ans après, l'empereur Wenceslas, que ses débauches avaient rendu odieux au peuple, imagina pour se populariser de libérer la noblesse et la bourgeoisie de toute dette contractée envers les Juifs. Ce moyen lui réussit ; mais les débiteurs, non satisfaits encore, complétèrent la mesure en tuant leurs créanciers.

Le concile de Bâle prit en 1434 la résolution de convertir les Juifs. Tous les souverains d'Allemagne furent obligés d'envoyer au sermon les Israélites de leurs états ; on choisit pour prédicateurs les plus habiles gens. Le conseil ne se borna pas à ce moyen de conversion ; il multiplia les édits intolérans, annula, par une usurpation évidente d'autorité, tous les priviléges qui avaient été accordés aux Juifs soit par les papes, soit par les empereurs ; et encouragea l'abjuration par les faveurs les plus signalées. Les désertions n'en furent pas pour cela plus fréquentes. En 1454, Louis X de Bavière chasse les Juifs de son royaume et confisque tous leurs biens. Dans diverses parties de l'Allemagne on les met à mort, on les brûle pour de prétendus crimes de sacrilége. Dans la dernière année du quinzième siècle, on les chasse de Nuremberg, où ils s'étaient rendus riches et puissans par leur commerce et leur industrie. Un faux prophète, nommé David Leimlen, se présente alors ; il leur annonce l'arrivée du Messie libérateur, et leur promet que dans l'an 1500 ils célébreront à Jérusalem la fête de Pâques. Le temps promis arrive, mais le Messie ne paraît point ; et les Juifs célèbrent encore la fête des Azymes dans les villes chrétiennes, et au milieu d'un peuple ennemi.

SEIZIÈME ET DIX-SEPTIÈME SIÈCLES.

Au commencement du seizième siècle, un Juif renégat, Victor Carbès, qui, après sa conversion, écrivit, suivant l'usage, contre ses anciens frères, contribua à les faire chasser de l'évêché de Cologne. Un autre Juif prosélyte du christianisme, Pfepfercorn, persuada à l'empereur Maximilien qu'il fallait brûler tous leurs livres, comme remplis de fables, de mensonges et de blasphèmes. On pensa que cet apostat spéculateur voulait s'emparer de tous les livres qu'il condamnait, et obliger ensuite les Juifs à les racheter à prix d'or. Il dirigea contre eux une attaque d'une espèe nouvelle, en les accusant d'hérésie dans leur propre culte, en les désignant comme des infracteurs de l'ancien Testament et comme des ennemis du nouveau. L'empereur embarrassé consulta Reuchlin, savant illustre, l'un des triumvirs de la ligue de Souabe. Reuchlin fut d'avis qu'il fallait distinguer parmi les livres des Juifs ceux qui renfermaient leurs dogmes, leur morale, leurs rites; que ceux-là devaient être à l'abri de toute poursuite. Quant aux livres qui étaient directement opposés à la religion chrétienne, et particulièrement le *Toldos Jeschu,* où l'on dit de Jésus-Christ que c'était *un idolâtre, né d'un adultère, qui fut pendu pour ses crimes,* il opina pour que ces ouvrages fussent supprimés. Cet avis modéré et impartial excita la fureur des théologiens de Cologne; l'université de Paris, que l'on consulta, se déclara pour eux. L'évêque de Spire, nommé par le pape juge en dernier ressort, donna gain de cause à Reu-

chlin. La haine des moines redoubla ;
les amis de Reuchlin s'en effrayèrent,
mais il les rassurait en leur disant qu'il
y avait un homme qui donnerait aux
moines assez de besogne pour les contraindre à le laisser mourir en repos.
Il ne se trompait pas, et cet homme
était Luther.

Le premier résultat de la réforme
fut en effet de faire sentir l'ignorance
et la barbarie des moines persécuteurs.
Les absurdes accusations qui avaient si
long-temps pesé sur les Juifs cessèrent
alors. Le peuple s'éclaira, et, d'une autre part, les théologiens, attaqués sur
leur propre terrain, se seraient fait volontiers des alliés de ceux qu'ils avaient
si long-temps persécutés.

Ce n'est pas que la réforme s'annon-
çât comme directement favorable aux
Juifs. Elle ne le devint que par son influence générale et ses résultats. Luther
écrivit contre les Juifs ; et s'il ne leur fit
qu'une guerre rationelle, une guerre de
dogmes et de doctrines, il se laissa cependant emporter souvent, par l'impé-
tuosité de son caractère, hors des bor-

nes de la justice et de la modération.

La réforme et l'ardente polémique qui s'éleva entre les disciples de Luther et les rabbins, et qui tourna souvent à l'avantage de ces derniers, produisirent des sectaires nouveaux qu'on baptisa du nom de *Demi-Juifs*. Les uns faisaient consister toute la religion dans le Décalogue, qui, disaient-ils, se trouve gravé naturellement dans le cœur de tous les hommes. D'autres soutenaient que Jésus-Christ ne devait pas être invoqué dans les prières, parce que l'Evangile n'apprend à prier que Dieu le père; ils regardaient, en un mot, Jésus-Christ comme un homme. Ces partisans de la loi naturelle étaient poursuivis comme hérétiques. Il était plus sûr alors d'être tout-à-fait Juif que *Demi-Juif*, car à Paris on brûlait des Chrétiens dont le seul crime était de remarquer dans le nouveau Testament des contradictions avec l'ancien, et en Angleterre on condamnait à mort d'autres sectaires qui voulaient s'abstenir de certaines viandes et observer le Sabbat.

Les Juifs allemands qui se distinguèrent au seizième siècle par leur science et leurs écrits, furent *Jacok*, rabbin de Worms, pour qui l'empereur Ferdinaud Ier, dont la tolérance fut précieuse aux Juifs, avait rétabli la dignité de *prince de la captivité;* Salomon Luria, appelé par ses contemporains la *couronne d'Israel, la merveille du temps,* auteur du *Jam Salomonis* (la mer de Salomon), commentaire profond du Talmud; Simson de Guntzbourg, géomètre et architecte habile; Eliézer, auteur du *Mahase Adonaï* (l'ouvrage du Seigneur), qui devint chef de l'académie de Posnanie, en Pologne; et beaucoup d'autres qui s'illustrèrent, surtout en Bohème. Depuis le dixième siècle ils s'étaient maintenus fort nombreux dans cette partie de l'Allemagne. Ils avaient à Prague une belle synagogue et des écoles célèbres. Là enseignèrent tour à tour le fameux Liwa Bitsleer, qui attirait à ses leçons un nombre prodigieux de disciples, et qui plus tard devint chef de toutes les synagogues de Pologne; Judas Betsaléel, qui, d'abord chef des écoles juives de la Moravie, passa à

Prague en 1573, et y fonda une académie; Mardochée le Beau, théologien célèbre, auteur du *Lebusch Malchut* (le vêtement royal), rituel complet du culte et des cérémonies juives; et enfin l'historien Ganz, qui écrivit sous ce ti-titre, *le Germe de David,* les annales des Juifs, depuis la création jusqu'à l'an 1592 de l'ère chrétienne, ouvrage qui se distingue par son exactitude, et qui se rapproche des chroniques du moyen âge par la naïveté du récit.

Les Juifs de la Moravie souffrirent en 1574 une persécution cruelle; une fureur fanatique s'empara tout-à-coup du peuple, et avant que l'empereur Maximilien eût envoyé l'ordre de les respecter, un grand nombre de ces malheureux avaient expié leur croyance sur les bûchers. Cette persécution, aussi courte que violente, ne laissa heureusement aucune trace. A la fin du seizième siècle il était peu d'endroits en Allemagne où les Juifs n'eussent liberté de séjour et de commerce. Ils obtinrent cette tolérance jusque sur les terres des ducs de Brunswick, où auparavant il leur avait été défendu de s'établir. En 1592, Henri Jules, duc de Brunswick, plus éclairé que ses prédécesseurs et plus docile aux leçons du temps, accorda aux Juifs liberté de conscience dans ses états.

Ferdinand III (1648) concéda de grands priviléges aux Juifs de Bohème pour les récompenser du courage et du dévoûment qu'ils avaient montrés lorsque la ville de Prague fut assiégée par Charles-Gustave, neveu de Gustave-Adolphe. Vers le milieu du dix-septième siècle, un rabbin de Prague donna un nouvel exemple de la sincérité des apostasies et de la confiance qu'on peut placer dans celui qui a renié la foi de ses pères. Rabbi Joachim (c'était son nom) préluda à sa conversion par un vol considérable, et se fit chrétien pour effacer la honte de son crime. Il n'eut rien de plus pressé que de publier un livre contre ses anciens frères. Il passa à Vienne, s'introduisit à la cour de Ferdinand III, puis, éprouvant des revers de fortune, vola le trésor impérial. Découvert et condamné à mort, il déclara sur l'échafaud qu'il n'avait jamais été chrétien, qu'il avait vécu juif, qu'il mourait juif, et il brisa la croix qu'il tenait entre ses mains. Bartolocci soupçonne, mais sans preuves, Rabbi Joachim d'avoir été l'auteur du *Toldos Jeschu*, ouvrage dont nous avons déjà parlé, et le plus violent qui ait paru contre Jésus-Christ et sa religion.

Au dix-septième siècle les Juifs se maintenaient riches et nombreux dans la plupart des villes d'Allemagne. Vienne avait une synagogue superbe et des écoles consacrées à l'enseignement du Talmud. Hambourg était surnommée *la petite Jérusalem*. La Servie, la Croatie, la Moldavie, la Valachie renfermaient un grand nombre de Juifs. Deux villes seules, Ausbourg et Francfort, se distinguaient par les mesures violentes et oppressives dont on y accablait les Juifs. Chassés de la première de ces deux villes, on ne leur permettait d'y entrer qu'en leur faisant payer *un florin* chaque heure de séjour. Ils l'achetaient plus cher encore à Francfort, où *trente mille* Juifs avaient le courage de vivre au milieu des humiliations de toute nature, et où ne semble pas encore éteint cet esprit d'intolérance et de haine tout au plus digne d'un siècle barbare.

DIX-HUITIÈME SIÈCLE. — JUIFS DE PRUSSE. — MOÏSE MENDELSOHN. — DIX-NEUVIÈME SIÈCLE. — AMÉLIORATION DU SORT DES JUIFS D'ALLEMAGNE.

Le dix-huitième siècle ne fut pas exempt de cruautés envers les Juifs d'Allemagne. Léopold Ier, empereur d'Autriche, avait pour maîtresse, comme Casimir le Grand, une fille juive nommée Esther, qui, se promenant un jour à cheval, fut tuée d'un coup de fusil lorsqu'elle traversait le petit pont qui sépare la ville de Vienne du faubourg nommé Léopoldstadt. Cet assassinat fut contre toute vraisemblance attribué aux Juifs, et l'on abusa de la triste position de l'empereur pour le déterminer à expulser tous les Juifs de sa capitale. Une inscription qui existe encore prouve que la grande église paroissiale du faubourg a été bâtie sur les ruines d'une ancienne synagogue, la plus grande de la ville. Depuis cette époque la ville de Vienne fut constitutionnellement fermée aux Israélites, sauf quelques priviléges accordés successivement par la cour à des individus exerçant des charges données par elle. Par ce motif, les Juifs domiciliés à Vienne n'étaient justiciables que du *maréchalat* de la cour. Cet état de choses dura jusqu'à la mort de Marie-Thérèse, en 1780.

Joseph II qui lui succéda, à peine monté sur le trône, publia son édit de tolérance par lequel il déclara que, sans porter atteinte aux lois municipales peu favorables aux Juifs, il leur donnait la faculté de fréquenter les écoles chrétiennes, les lycées et les universités, avec le droit d'obtenir les grades de docteur en philosophie, en médecine ou en droit, et d'exercér toutes les professions. Il leur imposait en outre l'obligation salutaire de fonder des écoles spéciales pour l'instruction primaire. Il les fit jouir aussi de la permission de négocier en gros, de faire la banque, d'ériger des fabriques et de fréquenter les foires, même dans les villes où ils ne pourraient pas domicilier. Quelques années après on les soumit à la conscription militaire, mais en les excluant de tout avancement au-dessus du grade de sous-officier. La mort prématurée de cet empereur philanthrope empêcha la régénération des Juifs dans les vastes états autrichiens.

Il n'est peut-être point de contrée où les Juifs aient été soumis à autant de vexations oppressives qu'en Prusse. Il n'en est point non plus où ils se soient autant distingués. Le grand Frédéric, quoiqu'il fût l'ami de Voltaire, ou peut-être parce qu'il était l'ami de Voltaire dont l'on connaît à cet égard les injustes préventions, Frédéric, disons-nous, n'aimait pas les Juifs. Exclus de toutes les professions honorables, soumis à des impôts humilians [1], leur existence était

[1] Nous en citerons un exemple. Tout Juif qui voulait se marier était obligé d'acheter pour quelques milliers d'écus de porcelaine de

celle de vrais Parias. C'est pourtant du milieu de ces rangs obscurs et avilis, c'est du sein de cette population méprisée, que sortit un homme qui fut l'honneur du judaïsme moderne, et l'une des gloires du dix-huitième siècle. Nous avons nommé Mendelsohn.

Moïse Mendelsohn (ou fils de Mendel) naquit en 1729 à Dessau, capitale d'une des principautés d'Anhalt, dans l'ancien cercle de la haute Saxe. Son père était maître d'école et *sopher*, ou écrivain-copiste d'hébreu. Vers l'âge de quatorze ans il se vit obligé de quitter Dessau pour ne plus rester à la charge d'un père qui était dans un état voisin de l'indigence. Il se rendit à Berlin, où un Israélite bienfaisant lui offrit un asile et l'admit à sa table. Un jeune médecin israélite lui donna quelques leçons de latin. Après plusieurs années qu'il employa à se fortifier par l'étude, en luttant contre les difficultés de la vie, il entra comme *teneur de livres* chez un Israélite fabricant de soie, M. Ber-

la fabrique royale, et de la faire passer à l'étranger.

5..

nard, dont le nom mérite d'être cité, puisque Mendelsohn lui dut son premier bien-être [1]. En 1754, vanté comme habile joueur d'échecs [2] au célèbre Lessing, il fut accueilli par ce philosophe, qui, appréciant bientôt l'homme destiné à illustrer l'Allemagne et la nation israélite, l'engagea à cultiver les langues modernes. Devenu intime ami de Lessing, ce fut sous son influence et son patronage que Mendelsohn publia son premier écrit, ses *Lettres sur les sensations*, publiées en 1755. Elles furent reçues avec le plus grand intérêt. Entré si honorablement dans la carrière des lettres, il se lia avec Nicolaï, Abbt, Ramler, et prit part à la rédaction de leurs journaux littéraires, qui firent tant d'honneur à l'Allemagne et qui sont connus sous le titre de *Bibliothèque universelle allemande*. En 1763, il remporta le prix de l'académie de Berlin, par sa *Dissertation sur*

[1] M. Bernard l'associa plus tard aux bénéfices de sa fabrique.

[2] Les Juifs ont toujours eu pour ce jeu une rare aptitude.

l'évidence dans les sciences métaphysiques [1]. Le chef-d'œuvre de Mendelsobn, son *Phædon* ou *Entretiens sur l'immortalité de l'âme*, parut en 1767, et dès cette époque data la célébrité de l'écrivain juif. *Phædon*, ouvrage admirable par la pureté du style et l'élégance soutenue du langage, non moins que par l'élévation de la pensée, porta son auteur au rang des écrivains les plus distingués de l'Allemagne. C'était un prodige qu'un Israélite maniant avec cette habileté la langue nationale. Cette supériorité de style fut si remarquable, que plusieurs critiques ou zoïles, comme on voudra les appeler, attaquant par ses qualités un auteur dont les défauts étaient moins visibles, même aux yeux de l'envie, l'accusèrent d'être plutôt un écrivain élégant qu'un philosophe profond [2].

[1] Cette dissertation a été traduite en français et en latin par ordre de l'Académie.

[2] Le *Phædon* a été traduit en français par Junker (Paris, 1772), en italien par Charles Ferdinandi (Coire, 1773), en hollandais (La Haye, 1769), en anglais par Cullen (Lon-

Au milieu de l'enivrement de la gloire, Mendelsohn n'oublia pas ses co-religionnaires. Après avoir publié le *Phœdon*, il mit à profit l'influence que lui donnait sa réputation, et le loisir qu'il devait à l'aisance de sa position, pour répandre parmi les Israélites allemands la connaissance de la langue nationale. C'est dans ce but qu'il entreprit sa *Traduction allemande du Pentateuque*, imprimée à Berlin en 1780, *en caractères hébreux*, à côté du texte sacré, à l'usage des jeunes Israélites. Il la fit suivre de la traduction des *Psaumes*, regardée en Allemagne comme un chef-d'œuvre. Plusieurs années auparavant il avait publié les *Lois rituelles des Hébreux*, et en 1783 (trois ans avant sa mort),

dres, 1788). Meusel, dans son *Lexicon des écrivains allemands morts depuis 1750 jusqu'en 1800* (Leipsick, 1809), parle aussi de trois autres traductions du Phædon en russe, en hongrois et en danois. Nous citerons enfin une excellente traduction de cet ouvrage en hébreu, imprimée à Berlin en 1787, et dont l'auteur est feu Isaïe Bing, Israélite de Metz, distingué par son instruction, ses travaux et ses vertus sociales.

parut sa *Jérusalem, ou du Pouvoir religieux et du judaïsme,* ouvrage d'une haute portée, dont une traduction dans notre langue ne serait indifférente ni à la gloire de Mendelsohn, ni à la réputation du traducteur [1].

Cette vie toute philosophique, toute studieuse, n'était pas exempte d'orages. Tandis que par ces travaux utiles il cherchait à éclairer ses co-religionnaires, et à les relever dans l'opinion générale, il ajoutait à l'autorité de ses écrits l'exemple de sa conduite, et prouvait d'une manière noble et courageuse son inviolable attachement à la foi de ses pères. Nous voulons parler de sa polémique avec Lavater, qui préludait à Zurich par des disputes théologiques, où il montrait plus d'intolérance que de raison, aux recherches ingénieuses et savantes qui ont donné de la célébrité à son nom. La correspondance de Mendelsohn avec le théologien de Zurich est un des plus beaux monumens que le philosophe juif ait

---

[1] La *Jérusalem* a été traduite en italien (Venise, 1790).

élevés à sa gloire. Nous citerons l'une de ces lettres, parce qu'elle est encore de circonstance, et qu'elle est d'ailleurs un modèle de logique, de convenance et de haute philosophie :

LETTRE DE MENDELSOHN A LAVATER.

« Vous avez jugé à propos, mon ami, » de me dédier la traduction française » que vous avez faite de l'ouvrage de » M. Bonnet, intitulé : *Examen des* » *preuves sur lesquelles le christianisme est* » *fondé*. Vous me conjurez aux yeux » du public et de la manière la plus » pressante, dans la lettre insérée à la » tête de ce livre, de réfuter les argu-» mens qu'il contient, s'ils ne me pa-» raissent pas justes, ou, si je les crois » solides, de faire ce qu'aurait fait So-» crate, s'il eût lu cet écrit et qu'il l'eût » trouvé sans réplique, c'est-à-dire » d'abandonner la religion de mes pè-» res pour embrasser celle que défend » M. Bonnet.

» Je suis persuadé que vos actions » coulent d'une source pure, et je ne » puis vous supposer que des vues dic-

» tées par la philosophie et l'amour de
» l'humanité. Je serais indigne de l'es-
» time des gens honnêtes, si je ne ré-
» pondais pas avec reconnaissance aux
» sentimens affectueux que vous me té-
» moignez dans votre lettre. Mais je ne
» saurais vous dissimuler que cette dé-
» marche de votre part m'a extrême-
» ment surpris. Comment pouvais-je
» m'attendre qu'un *Lavater* se portât à
» me faire une sommation publique ?

» Qui a pu vous engager à me tirer
» de la foule, contre mon inclination,
» pour m'introduire dans une arène où
» j'aurais voulu ne paraître jamais ?
» N'eussiez-vous attribué mon extrême
» circonspection qu'à la crainte, cette
» faiblesse même méritait que vous me
» traitassiez avec indulgence.

» Cependant j'ose dire que ce ne fu-
» rent jamais ni la crainte ni la timi-
» dité qui m'éloignèrent des disputes
» de religion. Je m'occupe depuis long-
» temps des objets qui y ont un rap-
» port direct. J'ai reconnu de bonne
» heure que le premier devoir de
» l'homme est d'examiner ses senti-

» mens et ses actions ; et si, dès ma
» première jeunesse, j'ai consacré mes
» heures de loisir à la philosophie et à
» l'étude des belles-lettres, ce n'a été
» que dans la vue de me préparer à cet
» important examen. Eh ! quel autre
» motif aurait pu m'y exciter ?

» Si le résultat d'un examen de plu-
» sieurs années n'eût pas été à l'avan-
» tage de ma religion, on l'aurait vu se
» manifester par quelque acte authen-
» tique. La conviction seule pouvait
» m'attacher à des principes si sévères
» et si généralement méprisés. C'eût
» été de ma part une indigne bassesse
» de ne pas rendre hommage à la vé-
» rité, en dépit de la persuasion inté-
» rieure.

» Oui, Monsieur, c'est un examen
» réfléchi des principes du judaïsme,
» qui m'a confirmé dans la croyance
» de mes pères. Il m'était permis de
» vivre dans le silence, et je n'avais
» besoin de rendre compte à personne
» de ma façon de penser. Je ne vous
» cacherai pas que j'ai remarqué dans
» ma religion beaucoup d'additions

» faites par les hommes, qui, hélas! ne
» l'ont que trop obscurcie. Le souffle
» envenimé de la superstition s'y mon-
» tre souvent à découvert; et quel est le
» Juif éclairé qui ne souhaiterait pou-
» voir l'en séparer, sans donner aucune
» atteinte à la vérité des principes? Ces
» mêmes principes sont pour moi d'u-
» ne telle évidence, que je n'en suis
» pas moins convaincu que vous et
» M. Bonnet pouvez l'être de la certi-
» tude du christianisme, et je proteste
» devant Dieu que je demeurerai in-
» violablement attaché à ma loi, tant
» que mon âme ne prendra pas une au-
» tre nature.

» On aurait pu renverser le judaïs-
» me dans des livres polémiques, et le
» terrasser dans les exercices de l'école,
» sans que je me fusse mêlé d'aucune
» controverse qui y eût rapport. Quand
» même un savant dans la langue rab-
» binique aurait entrepris de couvrir
» ma religion de ridicule, d'après quel-
» ques mauvais ouvrages qu'aucun Juif
» raisonnable ne lit, il n'aurait éprou-
» vé de ma part aucune contradiction.

» C'est par la vertu et non par des
» écrits de controverse que je voudrais
» réfuter l'opinion méprisable qu'on a
» des Juifs. Ma religion, ma philoso-
» phie, et mon état me fournissent les
» plus puissans motifs d'éviter toute dis-
» pute de religion, et de ne parler dans
» mes ouvrages que des vérités égale-
» ment importantes à tous les hommes.

» La loi de la nature nous oblige
» sans doute de répandre parmi nos
» semblables nos connaissances et le
» goût de la vertu, et d'extirper, au-
» tant qu'il est en notre pouvoir, les
» préjugés et les erreurs. On pourrait
» conclure de là qu'il est du devoir de
» tout homme de combattre publique-
» ment les opinions de religion qu'il
» regarde comme erronées. Mais tous
» les préjugés ne sont pas également
» nuisibles ; il ne faut donc pas voir du
» même œil tous ceux que nous croyons
» remarquer dans la société. Les uns
» sont directement contraires au bon-
» heur du genre humain ; leur influen-
» ce sur les mœurs est manifestement
» pernicieuse : on ne saurait même s'en

» promettre aucun bien accidentel ; ce
» sont ceux qu'il faut terrasser. De cette
» espèce sont toutes les erreurs et tous
» les préjugés qui troublent notre repos
» et notre félicité, et qui étouffent dans
» l'homme le germe de la vertu avant
» qu'il puisse éclore. De ce nombre
» sont le fanatisme, la misanthropie,
» l'esprit de persécution, la légèreté, le
» libertinage, l'impiété, etc. Mais les
» opinions de mes semblables que je
» regarde comme des erreurs unique-
» ment parce qu'elles sont opposées à
» ma conviction, ce ne sont que des
» principes théoriques abstraits, trop
» éloignés des principes pratiques pour
» être immédiatement funestes. Par
» leur universalité elles sont la base sur
» laquelle la nation qui en est imbue
» a établi le système de sa morale et de
» sa vie sociale : ainsi, par accident,
» elles sont devenues importantes, du
» moins pour le peuple de la législation
» duquel elles font partie. Combattre de
» pareils dogmes parce qu'ils nous sem-
» blent des erreurs, c'est fouiller les fon-
» demens d'un édifice sans l'étayer, pour

» voir s'ils sont solides. Quiconque s'in-
» téresse plus au bonheur des hommes
» qu'à sa propre gloire, ne se hasardera
» pas à dire son avis sur des préjugés de
» cette espèce; il se gardera de les atta-
» quer directement, afin de ne pas ren-
» verser un principe de morale qui lui
» est suspect, avant que ses concitoyens
» aient adopté celui qu'il veut lui substi-
» tuer.

» Il est vrai que la moralité de nos
» actions en mérite à peine le nom,
» lorsqu'elle est fondée sur l'erreur, et
» que le bien sera toujours mieux et
» plus sûrement opéré par la vérité, si
» elle est reconnue, que par le préjugé;
» mais tant qu'elle n'est pas devenue
» assez générale pour pouvoir agir sur
» la multitude avec autant de force que
» le préjugé enraciné, celui-ci doit être
» sacré pour tout homme vertueux.

» Je suis membre d'un peuple op-
» primé, qui n'a d'autre protection que
» celle que la nation régnante veut bien
» accorder à ses prières, qui ne l'obtient
» pas partout, et jamais sans restriction.
» Ceux de ma communion se privent

» volontiers des libertés qu'on accorde
» aux autres hommes; ils se contentent
» de n'être que soufferts et protégés. Si
» quelque nation les reçoit à des condi-
» tions supportables, ils doivent l'en re-
» mercier comme d'un grand bienfait,
» puisque dans quelques états on leur
» refuse jusqu'au séjour. Les lois de vo-
» tre patrie ne permettent pas même à
» votre ami circoncis de vous aller voir
» à Zurich. Ainsi mes frères dans la foi
» doivent un tribut de reconnaissance
» à la nation dominante qui les com-
» prend dans l'amour universel des
» hommes, et qui leur permet d'ado-
» rer l'Etre suprême de la manière
» dont leurs pères l'adoraient. Dans le
» pays où je suis, nous jouissons à cet
» égard d'une liberté décente : et vous
» voulez que nous combattions la reli-
» gion du parti dominant, c'est-à-dire
» que nous attaquions nos protecteurs
» du côté qui leur est le plus sensible?

» J'ai lu avec attention l'ouvrage de
» M. Bonnet, que vous avez traduit.
» Après ce que je viens de dire, il est
» inutile de demander s'il m'a con-

» vaincu. Mais je ne vous dissimulerai
» point que cet ouvrage, comme apo-
» logie de la religion chrétienne, ne
» m'a pas paru avoir le mérite que vous
» lui attribuez. J'ai lu cent apologies
» de cette religion, qui m'ont paru
» beaucoup plus solides que celle qui,
» selon vous, devait produire ma con-
» version.

» Les réflexions générales que M.
» Bonnet a placées à la tête de son
» livre me paraissent être d'un grand
» poids ; mais l'application qu'il en fait
» à l'avantage de sa religion est si peu
» fondée, si arbitraire, que je n'y ai
» presque pas reconnu un Bonnet. Ses
» conclusions sont si peu conséquentes,
» qu'avec ces mêmes raisons j'oserais
» défendre telle autre religion que l'on
» voudrait. Il est probable qu'il n'a
» écrit que pour des personnes qui,
» comme lui, sont persuadées, et qui
» ne lisent que pour se confirmer dans
» leur croyance. Quand l'auteur et le
» lecteur sont d'accord sur les consé-
» quences, ils s'arrangent aisément sur
» les prémisses. Mais ce qui m'étonne,

» c'est que vous ayez jugé cet ouvrage
» propre à convaincre un homme qui,
» par son éducation, est naturellement
» prévenu en faveur du contraire. Il est
» impossible que vous vous soyez mis à
» la place de quelqu'un qui, loin d'ap-
» porter la conviction, doit la chercher.
» Mais si vous croyez, comme vous le
» faites entrevoir, que Socrate eût trou-
» vé les raisons de M. Bonnet sans ré-
» plique, assurément l'un de nous est
» un exemple mémorable du pouvoir
» que les préjugés et l'éducation ont sur
» ceux mêmes qui cherchent la vérité.

» Je vous ai dit les raisons qui me
» font désirer de ne jamais disputer
» sur la religion ; mais si l'on me pres-
» se, je surmonterai les difficultés, et je
» me résoudrai à publier mes réflexions.
» Il est à présumer que vous voudrez
» bien m'épargner cette pénible démar-
» che, et permettre que je rentre dans
» l'état de paix qui m'est naturel. C'est
» à regret que je sortirai des bornes que
» je me suis prescrites. »

L'ardeur que mit Mendelsohn à défendre ses principes, la douleur qu'il

ressentit des attaques de quelques rabbins polonais, qui, cédant à l'empire des préjugés, osèrent élever des doutes sur la pureté de ses sentimens religieux, et en général, sur la possibilité d'allier les principes d'une saine philosophie à ceux de la croyance orthodoxe, hâtèrent la fin de ce grand homme; son dernier écrit fut consacré à la défense de l'amitié. Un libelle avait paru, attentatoire à la mémoire de son ami, qu'on y accusait d'athéisme. *Moïse Mendelsohn, aux amis de Lessing;* tel fut le titre du dernier écrit du philosophe juif, qui mourut le 4 janvier 1786, à l'âge de cinquante-sept ans [1].

« Les Israélites regrettent encore aujourd'hui et regretteront long-temps à juste titre, dit M. Sarchi, auteur d'une

---

[1] Le sculpteur de la cour de Prusse, Tassaert, fit en marbre le buste de Mendelsohn. Le piédestal porte l'inscription suivante, du célèbre poëte Ramler :

« Moïse Mendelsohn, né à Dessau
De parens israélites, fidèle aux lois de ses pères;
Sage comme Socrate, comme lui il a enseigné
L'immortalité; il est immortel comme lui. »

excellente biographie de Mendelsohn, la perte de ce grand homme que la mort a moissonné avant le terme d'une carrière ordinaire. Tout nous porte à croire que Mendelsohn, aussi sincèrement attaché à la religion de ses pères, qu'ennemi déclaré de certains préjugés populaires, aurait employé le reste de ses jours à propager la doctrine la plus saine. Par des travaux dignes de son cœur et de ses talens, il serait parvenu à créer des institutions dont l'effet salutaire aurait été de ramener les prétendus esprits forts à la croyance d'Israël, et de dissiper aux yeux des ignorans les nuages épais de la superstition. Le fils de Mendel était peut-être le seul Israélite de nos jours en état de rendre à la religion cet insigne service ; lui seul aurait su par ses lumières, sa droiture et son amour ardent pour la vérité, concilier ces deux partis si opposés et également égarés qui constituent une sorte de schisme. Malheureusement dans ce siècle les autres sociétés religieuses partagent avec les Israélites l'inconvénient de flotter entre ces deux écueils.

...5

» Mendelsohn n'est plus, et les enfans de Jacob ont encore leurs superstitieux et leurs incrédules [1]. »

Parmi les Juifs prussiens qui se sont illustrés, il faut citer avec Mendelsohn *Marcus-Hertz*, médecin célèbre qui fut le maître du roi actuel pour la physique expérimentale; *Bloch*, auteur d'un excellent ouvrage sur les *poissons;* Brüh, Wesseli, Eichel, Friedlander, poètes et littérateurs distingués.

L'un des hommes qui contribuèrent le plus à améliorer le sort des Juifs et à les faire jouir des bienfaits de la civilisation, fut l'immortel Dohm, président à Wésel, qui, du vivant de Frédéric, éleva le premier la voix contre les odieux préjugés sous l'empire desquels ils gémissaient. Dohm montra, l'histoire à la main, « que les Juifs avaient été ré-
» duits à la triste position de n'être plus
» ni hommes, ni citoyens, par la seule
» raison qu'on s'obstinait à leur refuser
» les droits de l'homme et ceux du ci-

---

[1] Une autre notice sur Mendelsohn, due à la plume de M. M. Berr, a été insérée dans le *Magasin encyclopédique de feu Millin.*

» toyen [1]. » Il exhorta tous les gouvernans « à augmenter le nombre des bons citoyens en ne *forçant* pas les Juifs à être pires que les autres [2]. » Le célèbre Herder, surnommé le Fénelon de l'Allemagne, a parlé dans le même sens, lorsqu'il a dit : « Le temps viendra où » l'on ne demandera plus en Europe si » un tel est Juif ou Chrétien, parce que » les Juifs se conformeront aux lois eu-» ropéennes et contribueront au bien-» être de la grande famille ; ce qu'ils ne » pouvaient pas faire autrefois, parce » que leur position ne le leur permet-» tait en aucune manière [3]. »

Depuis 1809 les Juifs de Prusse ne sont plus soumis à un régime d'exception. Ils sont presque assimilés aux Chrétiens. Dans la plupart des villes et des bourgs sont des écoles juives destinées principalement aux enfans pauvres. Presque toutes sont créées et

[1] Dohm, *Amélioration de la condition civile des Juifs.*

[2] *Id., ibid.*

[3] *Idées philosophiques sur l'histoire de l'humanité,* part. IV, pag. 41.

soutenues par des souscriptions volontaires. On y enseigne l'hébreu, le latin, le français et l'allemand ; la géographie, l'histoire, les mathématiques, etc., etc.

Dans ces derniers temps on a vu les Juifs prussiens rivaliser de zèle et de courage, en répandant leur or et leur sang pour l'honneur et la liberté de leur pays. Des milliers d'entre eux ont péri dans les champs de Waterloo.

Un décret du roi a permis aux Israélites de Berlin de faire agrandir leur synagogue, et de célébrer à l'avenir l'office divin en langue nationale, grande et salutaire innovation, qu'on ne saurait trop désirer de voir s'étendre, et qui sera pour les Israélites européens l'un des plus puissans véhicules de civilisation.

Si dans plusieurs contrées d'Allemagne les Juifs sont encore en butte à la haine de leurs concitoyens, ce n'est plus au fanatisme religieux qu'il faut s'en prendre, mais plutôt aux rivalités de commerce, aux *jalousies de métiers.* Il faut en accuser aussi le luxe, peut-être im-

modéré, d'une caste qu'on était habitué
à voir avilie jusque par des signes exté-
rieurs.

Quoi qu'il en soit, et malgré les cris
barbares qui, dans ces dernières années, ont retenti contre les Juifs à
Francfort, à Hambourg, et dans d'autres cités allemandes [1], le dix-neuvième siècle a bien commencé pour la régénération des Juifs allemands, et sous
ce rapport notre glorieuse révolution a
fait sentir sa bienfaisante influence.
Les décrets promulgués successivement
en leur faveur par le grand-duc de
Bade (le 13 février 1809), par le roi
de Prusse (le 11 mars 1812), par le
duc de Meklenbourg-Schwerin (le 22
février 1812), par le roi de Bavière [2]
(le 10 juin 1813), sont autant d'hommages rendus à la tolérance et à la justice. Tous ces décrets portent en sub-

[1] On n'a pas oublié le fameux cri de *Hep!*
qui semblait le prélude de nouveaux massacres
et de nouvelles persécutions.

[2] Le roi actuel de Bavière, digne successeur
de son père, s'occupe constamment du bien-
être de ses sujets israélites.

stance des dispositions propres à resserrer les nœuds sociaux entre les Juifs et les autres citoyens. Voici les principales :

1° Le titre de citoyen est accordé à tous les Juifs domiciliés dans le pays.

2° On les oblige à porter des noms de familles stables et héréditaires de père en fils. (Coutume négligée en France par les Juifs de race allemande.)

3° On leur défend de tenir leurs registres en langue juive bâtarde [1].

4° On leur accorde la faculté d'exercer tous les arts et toutes les professions.

5° On les délivre de tout impôt particulier.

Tout récemment (en mars 1828), le roi de Wurtemberg désirant améliorer la condition des Juifs, a fait présenter aux états du royaume un projet de loi à ce sujet. La discussion a été longue, et la victoire s'est enfin décidée pour le projet du gouvernement, mais, il faut le dire, à une très-faible majorité. Cette discus-

[1] Espèce de patois formé de mots hébreux et de mots allemands corrompus.

sion a dépassé la barrière de la salle des états, et le jour du vote, la populace de Stuttgard s'est portée aux environs de cette salle, et a fait entendre les cris féroces de *Mort aux amis des Juifs, et vivent les ennemis des Juifs !* Ces vociférations, inouies jusqu'à ce jour dans le Wurtemberg, n'ont point empêché les Députés de donner leur libre vote. La loi en faveur des Juifs a été votée.

Dans les provinces allemandes qui avaient été réunies à l'empire français et où le gouvernement impérial avait mis en vigueur l'inique et arbitraire décret du 17 mars 1808 (décret dont la Charte a fait justice), qui annulait toute créance des Juifs contre un autre Français non commerçant, à moins que le porteur du titre ne fournît la preuve que la somme avait été comptée en espèces et sans fraude, cette odieuse loi d'exception a été abolie.

Au milieu de ce mouvement de civilisation et de tolérance universelle, Francfort est encore la ville qui se montre le plus fidèle aux traditions de l'intolérance, de la barbarie et du fanatisme. La communauté juive de cette ville paie 22,000 florins par an le droit de résidence. Voilà ce qu'elle paie en argent. Il serait plus difficile d'évaluer la somme d'humiliations et de mépris qu'elle perçoit en échange, et celle des hommages qu'elle est obligée de rendre aux divers fonctionnaires qui la persécutent et qui l'outragent.

Les Juifs de Westphalie sont plus heureux. Un décret rendu en 1808 abolit toute distinction entre eux et les Chrétiens. Une médaille a été frappée en mémoire des priviléges accordés aux Juifs de ce pays.

Quant au gouvernement autrichien, il semble étendre les faveurs qu'il accorde aux Juifs, d'une manière proportionnée aux divers degrés de civilisation qui se font remarquer dans les différentes provinces [1]. Trieste en Illyrie, elle

[1] Les Juifs sujets autrichiens, en comptant ceux de la Gallicie, qui fait partie de l'ancienne Pologne, sont au nombre de 415,000. Les Juifs de Prusse, y compris ceux du grand-duché de Posen (autrefois Grande-Pologne), n'excèdent guère le nombre de 80,000. Tous

Brody, en Gallicie sont les deux villes où les Juifs ont obtenu le plus de privilèges, en raison de leur importance commerciale. La première de ces villes a maintenant pour grand-rabbin M. le chevalier de Cologna, qui remplissait à Paris les mêmes fonctions, et qui n'aurait pas sans doute quitté cette ville dans un âge avancé, si l'administration consistoriale avec laquelle il se trouvait en contact avait toujours eu pour lui les égards dus à son caractère et à son talent.

Terminons cet exposé sur l'état des Juifs d'Allemagne par la citation d'une pièce importante et peu connue qui est pour l'avenir des Israélites allemands une forte et heureuse garantie de sécurité légale, et qui, en dépit de quelques résistances partielles dont on finira par triompher, leur assure tôt ou tard des concessions fondées sur l'équité et de progressives améliorations dans leur état social et politique.

L'acte pour la constitution fédérative

le reste de l'Allemagne n'en contient que 68,000.

de l'Allemagne, conclu au congrès de Vienne du 8 juin 1815, porte ce qui suit :

Art. 16. « La diète [1] prendra en con-
» sidération les moyens d'opérer de la
» manière la plus uniforme l'améliora-
» tion de l'état civil de ceux qui profes-
» sent la religion juive en Allemagne, et
» s'occupera particulièrement des me-
» sures par lesquelles on pourra leur
» assurer et leur garantir dans les états
» de la confédération la jouissance des
» droits civils, à condition qu'ils se sou-
» mettent à toutes les obligations des
» autres citoyens. En attendant, les
» droits accordés déjà aux membres de
» cette religion par tel ou tel état en
» particulier leur seront conservés. »

[1] La diète germanique permanente à Francfort, et où chaque état de l'Allemagne délè-
gue un représentant. Il est malheureux pour
les Juifs que le siége de cette diète soit dans
l'intolérante cité de Francfort.

JUIFS DE SUISSE.

Dans l'admirable lettre de Mendelsohn à Lavater, on aura remarqué ce
passage : « Les lois de votre patrie ne
» permettent pas à votre ami circoncis
» de vous aller voir à Zurich. » Cette
phrase vaut à elle seule un résumé de
l'histoire des Juifs de la Suisse au dix-
huitième siècle. *Mendelsohn n'aurait pu
entrer à Zurich!* Que d'éloquence dans
ces six mots! Même au temps de sa
révolution, la Suisse montrait déjà cet
esprit d'intolérance. Elle se servit plus
tard du protestantisme principalement
comme d'un moyen d'opposition politique. On sait d'ailleurs qu'il n'y a rien
d'incompatible entre l'intolérance religieuse et le protestantisme fervent. Depuis le dix-huitième siècle, l'état politique des Juifs s'est amélioré en Suisse,
sans être pourtant ce qu'il devrait être
aux yeux de la justice et de la raison.
Du reste la nation helvétique entend la
liberté à sa manière. Les descendans de
Tell trouvent plus noble de se vendre

aux princes étrangers que d'accorder
aux Juifs les droits civiques. Il y a peu
d'Israélites dans les Cantons Suisses [1].

[1] Environ 2,000.

DES JUIFS POLONAIS.

L'ancien royaume ou plutôt l'ancienne république de Pologne était, avant le partage de 1772, un grand état qui s'étendait depuis les montagnes Carpathiennes jusqu'à la mer Baltique, et depuis le Boristhène jusqu'aux bords de l'Oder. Sur cette plaine immense, contenant près de 14,000 milles carrés, vivaient environ quinze millions d'habitans.

L'histoire de la Pologne est connue de tout le monde. Ce royaume, tantôt héréditaire, tantôt électif, n'était qu'une aristocratie présidée par un chef couronné. La bourgeoisie des villes formait une classe à part ; tout le reste était ou seigneurs ou serfs attachés à la glèbe. Cependant une autre classe d'hommes habitant la Pologne tenait en quelque sorte le milieu entre la bourgeoisie et les paysans serfs ; c'étaient les Juifs, plus nombreux en Pologne que dans tout le reste de l'Europe. Leur nombre s'élevait à plus d'un million d'âmes.

.6

Leurs ancêtres, chassés des bords du Jourdain, vivaient paisiblement dans les différentes provinces d'Allemagne situées le long du Rhin, depuis Schaffouse jusqu'à Cologne, lorsque les croisés de l'année 1096, aveuglés par un fanatisme digne de ce siècle barbare et qui servait de prétexte à la cupidité, fondirent sur eux, en massacrèrent une grande partie et forcèrent les autres à chercher un asile dans les plaines de l'antique Sarmatie. Un pays qui venait pour ainsi dire d'embrasser le christianisme [1] donna le plus bel exemple de tolérance.

La langue allemande qui, même aujourd'hui, est commune aux Juifs de la Lithuanie et à ceux des provinces polonaises limitrophes de la Turquie, prouve qu'ils sont presque tous d'origine allemande : peut-être quelques-uns sont-ils venus de l'Orient ; mais si cela est, ils doivent avoir adopté la lan-

[1] L'arrivée des Juifs en Pologne date, d'après l'opinion commune, du règne de Boleslas, en 1264. C'est en 966 que la Pologne eut son premier roi chrétien (Micislas).

gue de la majorité de leurs frères. Les Caraïtes, qui forment une secte à part, sont venus directement de la Turquie.

Quels que soient les défauts que l'on reproche à l'ancienne noblesse polonaise, les Israélites seront toujours pénétrés de reconnaissance pour la manière généreuse dont ils ont été accueillis dans cette terre hospitalière. La plupart des historiens prétendent que les priviléges qu'ils ont obtenus en 1370, de Casimir III dit le Grand, ne sont dus qu'à l'influence d'une nouvelle Esther [1]. Mais peut-être, si l'on considère quel était le caractère de Casimir, pensera-t-on que ce qu'il a fait pour les Juifs, bien loin d'être le résultat de sa faiblesse, était réellement une conséquence de sa politique; il avait aussi accordé des immunités très-considérables à la bourgeoisie et aux nobles en général, dans le double dessein de favoriser le commerce et de paralyser l'influence des palatins. Le grand Sobieski fut aussi très-favorable aux Juifs; il leur donna en fermage une partie des biens de la couronne; un Juif de Casal, nommé

---

[1] Voyez pag. 144 de ce Résumé.

Jonas, fut médecin de ce roi ; un autre Israélite, nommé Bethsal, né en Russie, étant arrivé à sa cour, devint d'abord son fermier, ensuite son favori. Il fut accusé de concussion, mais il mourut insolvable, et démentit par là les accusations de ses ennemis.

Malgré les priviléges qui étaient garantis aux Israélites par les lois de l'Etat (*pacta conventa*), leur sort eût été précaire si la noblesse, toute puissante dans ses terres et revêtue du pouvoir législatif, ne se fût montrée équitable à leur égard. Les pages de l'histoire n'en contiennent pas moins le récit fidèle des violences, des persécutions, des spoliations, des calomnies et des vexations de toute espèce auxquelles ils ont été en butte, non-seulement dans les campagnes, mais aussi dans la capitale. Cependant, soit à cause de leur industrie, étroitement liée avec l'intérêt personnel des nobles, soit à cause de leur grand nombre, qui les faisait regarder comme une partie essentielle de la population de l'Etat, le gouvernement n'a jamais imité l'intolérance qui a été si funeste aux Israélites dans des pays plus policés que la Pologne.

Les écrivains qui ont parlé de ce pays et de ses habitans, quoique très-sévères envers les Juifs, n'ont pas manqué de leur rendre justice sur un point très-essentiel.

Quoique le titre de noblesse, ont-ils dit, soit le privilége de ceux qui se font chrétiens, il arrive très-rarement qu'un Juif polonais abandonne la foi de ses pères. Tous les écrivains impartiaux s'accordent à dire que les Juifs polonais sont exclusivement dépositaires de tous les arts et métiers; qu'ils s'adonnent à l'agriculture et à tous les genres d'industrie; qu'eux seuls offrent des ressources au voyageur et à l'habitant : en effet ils sont tailleurs, cordonniers, tapissiers, orfèvres, horlogers, graveurs, font le commerce des pelleteries, taillent et polissent les pierres fines, cultivent les champs affermés par eux mieux que leurs voisins les chrétiens, et font venir des semences de l'étranger; leur bière est presque la seule potable de tout le pays; partout dans les campagnes et jusque dans les moindres hameaux on les trouve laborieux, actifs, industrieux; ils tiennent les auberges, ils ont des alimens pour les voyageurs, au lieu que, même dans les villes centrales, on ne peut avec de l'argent se procurer un morceau de pain chez les habitans chrétiens [1].

Outre ces détails tirés des sources que nous venons d'indiquer, l'influence salutaire qu'exercent les Juifs polonais sur la foire de Leipsick est de toute notoriété. Quelques écrivains prétendent cependant qu'ils sont nuisibles à la prospérité de l'Etat, qu'ils abrutissent le peuple en l'enivrant, qu'ils étouffent l'industrie nationale par l'exportation des matières premières, que les mœurs de leurs femmes ne sont pas des plus pures, enfin que leurs principes religieux ne leur permettent pas de vivre d'agriculture [2]. Rien n'est plus facile

[1] Vautrin, l'*Observateur en Pologne*, Paris, 1807. Coxe's, *Travels into Poland, etc.* Londres, 1812. *Annales des voyages*, par Malte-Brun, tom. XV.

[2] *Tableau de la Pologne*, par Malte-Brun; Paris, 1807.

que de démentir ces imputations ou de prouver que le mal dont on se plaint tire sa source de la législation. Si les grands seigneurs eussent établi des manufactures, les matières premières seraient restées naturellement dans le pays. Si les Juifs cessaient d'être distillateurs ou cabaretiers, on verrait bientôt des Chrétiens prendre leur place, et les paysans n'en deviendraient pas plus sobres. Si les Juifs polonais sont enclins à la cupidité, c'est parce que le seigneur d'une terre, qui tranche du souverain dans ses petits états, exerce le droit de châtier tout Juif qui a le malheur d'encourir sa disgrâce; et l'or est le seul moyen d'apaiser le ressentiment juste ou injuste des hommes cruels et avides. Quant aux mœurs des femmes juives en Pologne, les attaquer ne peut être qu'une calomnie gratuite démentie par les faits. Des mariages qui se célèbrent à douze ou à treize ans, l'horreur du célibat et de toute union étrangère, la facilité du divorce, les difficultés du libertinage et de l'adultère, enfin la sobriété et la tempérance qui caractérisent les familles juives, ôtent à cette accusation l'ombre même de la vraisemblance. C'est une autre erreur de supposer que les seuls Juifs caraïtes puissent, d'après leurs principes, vivre d'agriculture [1]. Si la Pologne n'offre pas une masse de cultivateurs israélites proportionnée au grand nombre de ceux qui professent la religion de Moïse, cela vient de ce que la législation empêche les Juifs de devenir propriétaires, ou c'est l'usage des baux à court terme qui décourage les spéculateurs et qui étouffe toute l'industrie rurale. Les fermiers français ne doivent leur prospérité qu'aux baux de vingt à trente ans qui leur donnent toute l'assurance de jouir du fruit de leurs améliorations.

Quoi qu'il en soit, les Israélites sont des hommes ; à leur culte près, tout leur est commun avec leurs concitoyens : les bonnes et les mauvaises habitudes, les vices et les vertus, enfin

[1] Voyez l'art. VII *des Décisions doctrinales de grand sanhédrin de Paris*, en 1807.

outes les nuances du caractère national. Dans un pays où une partie de la
noblesse ne connaissait d'autre droit
que celui de la force, où la conduite
du clergé est censurée dans les écrits
d'un grand roi [1], où le peuple était
dégradé par l'esclavage, où les guerres
civiles n'étaient étouffées que par les
guerres étrangères, où l'instruction publique était nulle, enfin où la vénalité
démoralisait non-seulement les individus, mais aussi les grands corps de
l'État; dans un tel pays, disons-nous,
les sentimens généreux ne pouvaient
être que le partage de ceux qui, ayant
goûté le fruit d'une éducation digne de
leur illustre naissance, avaient appris à
respecter l'humanité dans eux-mêmes
comme dans les autres. Une caste
d'hommes sans droits civils ni politiques, exposée sans cesse à toute sorte de
vexations et luttant toujours contre les
difficultés qui s'opposent à la vie physique, fait déjà beaucoup si elle parvient
à détourner les coups que lui préparent
le fanatisme, l'envie, la cupidité.

[1] Stanislas Leczinski.

6..

Les Juifs polonais sont sans contre-dit plus sobres, plus industrieux, moins abrutis, moins étrangers à la civilisation que le vulgaire des Chrétiens dont ils sont environnés. Nous nous en rapportons au témoignage irrécusable des savans de Berlin, de Kœnigsberg et de Breslau : combien de Juifs polonais n'ont-ils pas vus se livrer avec le plus grand succès à l'étude de la philosophie, de la médecine, et surtout à celle des mathématiques, pour lesquelles ils ont une aptitude étonnante. Il est inutile de dire combien les sciences talmudiques sont cultivées en Pologne, puisque ce pays, et particulièrement la ville de Lissa, a toujours été regardé comme la pépinière des rabbins modernes. Les universités hébraïques de Lublin, de Lemberg, de Cracovie et de Posen sont connues depuis trois siècles et plus. Les Juifs polonais sont donc bien loin de mériter les sarcasmes dont ils ont été accablés, puisque tout ce qui existe en Pologne fait leur éloge, ou du moins leur excuse.

Les événemens politiques qui ont eu

lieu dans ce pays, depuis le premier partage de 1772 jusqu'à la dissolution du grand-duché de Varsovie, ont influé plus ou moins directement sur le sort des Juifs polonais. Cependant la constitution décrétée par acclamation le 3 mai 1790, et qui avait garanti les droits des nobles et la liberté de l'ordre Equestre, mais qui n'avait rien fait pour le véritable intérêt de la bourgeoisie, ne contenait aucun article concernant les Israélites. Leur nombre et l'influence qu'ils exercent sur le reste de la population auraient dû pourtant être l'objet de quelques dispositions réclamées par l'intérêt de l'humanité et par le bien général. Ce nouvel état de choses, heureusement éphémère, bien loin d'être favorable aux Juifs polonais, avait fourni aux marchands chrétiens de Varsovie le moyen de contenter leur jalousie, et les portes de la capitale furent fermées aux Juifs, qui en furent chassés sans ménagement, et relégués dans le faubourg de Praga.

On pourrait en dire à peu près autant de l'ex-gouvernement du grand-

duché de Varsovie. La fameuse constitution du 22 juillet 1807 avait pro-
clamé l'abolition de l'esclavage, la liberté et la publicité des cultes, l'égalité
de tous les citoyens devant la loi. En
1808 parut un décret par lequel tous
les enfans, sans distinction de religion,
furent admis à fréquenter les écoles publiques; un autre décret mit en activité
le Code promulgué en France; mais
quelque favorables que parussent toutes ces dispositions aux principes de
tolérance réclamés pour l'amélioration
des Israélites, ces derniers se virent
bientôt en butte à des lois humiliantes
par leur esprit, et oppressives par leurs
résultats.

Maintenant l'ancienne Pologne se
trouve divisée de manière qu'elle appartient à quatre gouvernemens différens, sans compter la petite république
de Cracovie. Il faut espérer que le sort
des Israélites n'en sera que meilleur
sous tous les rapports.

Le royaume de Gallicie, qui depuis
1772 fait partie de la vaste monarchie
autrichienne, renferme environ 450,000

Juifs. L'immortel Joseph II s'est em-
pressé d'étendre sur eux les bienfaits de
la tolérance qu'il a proclamée dans tous
ses états. Ce monarque philanthrope re-
connut d'abord la nécessité d'améliorer
l'instruction publique, et un véritable
disciple de Mendelsohn (M. Herz Homberg) fut nommé en 1787 directeur des
écoles normales israélites de toute la Pologne autrichienne. Mais la mort prématurée de deux empereurs, les guerres
qui, à partir de 1788, n'ont presque jamais cessé d'absorber toute l'attention
du gouvernement, et d'autres circonstances, ont mis des entraves à la civilisation complète d'une partie si nombreuse de la population gallicienne.
Les Israélites de la Gallicie paient
des impôts particuliers, basés sur la
pratique de certains usages religieux.
Ils sont exclus de l'exercice de plusieurs
droits civils, et cependant ils sont, depuis environ trente ans, assujétis à la
conscription militaire, comme les autres sujets de la monarchie autrichienne. La ville de Lemberg, et principalement celle de Brody, où les Israélites

..6

forment les deux tiers de la population, contiennent plusieurs maisons israélites qui se distinguent dans le haut commerce, et un très-grand nombre de négocians qui méritent d'être considérés comme les soutiens de l'industrie des provinces austro – allemandes, par le débit qu'ils font à l'étranger des produits des manufactures indigènes.

Le grand – duché de Posen, rendu à la monarchie prussienne, a replacé sous un gouvernement libéral un très-grand nombre de Juifs qui, sous le grand-duché de Varsovie, avaient vu tarir la plupart des sources de leur existence. Une population de 3oo,ooo âmes environ y jouit paisiblement de tous les avantages sociaux.

Les Juifs de l'ancienne Lithuanie, de la Podolie, de l'Ukraine, et d'autres provinces ci-devant polonaises réunies à l'empire russe, jouissent de priviléges qui leur furent accordés par un ukase du 9 février 18o5.

L'Israélite français [1], recueil estima-

[1] On a publié sous ce titre à Paris, pendant les années 1817 et 1818, un journal mensuel

ble et trop peu connu auquel nous em-

destiné à fournir des matériaux à l'histoire, tant ancienne que moderne, des sectateurs de la loi mosaïque, et principalement à diriger dans les voies de la civilisation les Israélites de France. On doit regretter la trop courte existence de ce journal, dont les auteurs défendaient avec talent la cause de leurs coreligionnaires, et promettaient de remplir de mieux en mieux une tâche qui se serait agrandie d'ailleurs avec les circonstances et les événemens. Parmi les principaux rédacteurs de l'*Israélite français*, nous citerons MM. F. Sarchi, docteur en droit, l'un des Israélites de Paris les plus distingués par leur érudition et leurs lumières; le chevalier grand-rabbin de Cologna, ex-président du consistoire central, maintenant chef de la synagogue de Trieste; Mathis Dalmbert, qui aujourd'hui dirige l'une des meilleures institutions de l'université, après avoir embrassé la religion catholique; et enfin E. Halevy, trop tôt enlevé à l'estime de ses coreligionnaires, homme de bien qui fut sans fortune et que cependant les pauvres ont pleuré, savant modeste dont les rares succès dans un genre trop peu cultivé (la poésie hébraïque) ont mérité des suffrages moins suspects que ne pourraient l'être ceux d'un fils, et dont la mort prématurée a excité les regrets universels qui suivent la perte de l'homme distingué et de l'honnête homme.

pruntons ces précieux documens sur les Juifs de la Pologne, contenait également la lettre suivante, qui trouvera ici naturellement sa place, et qui complètera nos notions sur les Israélites de cette contrée..

Varsovie, 27 février 1818.

A L'ÉDITÈUR DE L'*ISRAÉLITE FRANÇAIS.*

« MONSIEUR,

» L'intérêt que doit prendre chaque homme sensé à la cause des lettres et de l'humanité m'engage à vous écrire, quoique je n'aie pas l'honneur de vous connaître. Le hasard m'a procuré la lecture de votre journal, et quoique je ne sois pas votre coreligionnaire, cependant je désire vivement que vos intentions, dignes de respect, obtiennent le succès mérité.

» Ma patrie, renfermant dans son sein près d'un million des sectateurs de Moïse, ne peut vous être indifférente ; d'une autre part, votre journal doit être précieux aux Israélites de la Pologne, comme un écrit qui les justifie et qui les honore. Le vœu que vous manifes-tez de rencontrer ici des Israélites in-struits et zélés pour le bien de leur re-ligion, trouvera chez nous son accom-plissement. Quoique vos coreligion-naires dans ce royaume soient bien loin d'égaler en savoir ceux de l'Allemagne et de France, il s'en trouve plusieurs parmi eux distingués par leurs talens et capables d'apprécier l'importance de votre entreprise littéraire. Je ne puis m'empêcher de citer ici un Israélite de Rubiezzow, petite ville du palatinat de Lublin, nommé Abraham Stern, qui, par une suite de recherches ingénieu-ses, parvint à construire une machine arithmétique, à l'aide de laquelle on peut obtenir la solution des quatre opé-rations de cette science. En 1813, il présenta sa découverte à la société royale de Varsovie, qui désigna trois commissaires de la section des mathé-matiques pour examiner cet objet. Le résultat de leur examen fut que la ma-chine de Stern présente le même but que celle de Pascal, et après lui, de

Grillet, de Lépine, de Leibnitz et de Nepper, c'est-à-dire de faciliter les opérations arithmétiques, et surtout d'épargner une partie du temps employé pour les exécuter selon la méthode ordinaire; que ladite machine l'emporte beaucoup sur toutes celles qui ont été faites pour le même usage, et que les travaux des savans ci-dessus nommés qui ont précédé Stern ont été, suivant toute probabilité, inconnus à ce dernier. La société royale a jugé son auteur digne d'être admis au nombre de ses membres adjoints, et lui a fourni les fonds nécessaires pour construire avec plus de perfection une autre machine de même nature. Cette seconde est déjà achevée, et non - seulement elle additionne, soustrait, multiplie, et divise les nombres simples et les fractions, mais elle extrait aussi les racines carrées avec autant de promptitude que de justesse.

» Parmi vos coreligionnaires qui se sont distingués ici sous les drapeaux, je vous citerai avec plaisir un Israélite qui a acquis dans cette carrière une juste réputation. Son nom était *Berko*; pendant la révolution de Pologne de 1794, il servait dans les troupes patriotes, et il montra dans toute occasion le courage le plus assuré. Après le démembrement de ce royaume, il passa au service de la France, et y demeura jusqu'à la création du duché de Varsovie; alors il entra de nouveau comme lieutenant-colonel dans l'armée polonaise. Lorsque la guerre d'Autriche de 1809 éclata, Berko fut un des premiers qui pénétrèrent dans la Gallicie orientale, et en prirent possession. Mais s'étant engagé dans un combat où les ennemis eurent une trop grande supériorité de nombre, il succomba sous leurs coups, regretté de toute la nation dont il avait si vaillamment défendu la cause.

» L'exemple de ces Israélites ne tardera pas sans doute à exciter parmi leurs coreligionnaires le noble désir de les imiter et de partager avec eux la gloire d'avoir bien mérité de son pays par ses écrits ou par ses actions.

» Je suis, etc.

» C... DE M... »

L'empereur Nicolas, actuellement régnant, pour exciter à la conversion les Juifs polonais, vient de publier un décret par lequel tous les Israélites de Pologne qui embrasseront le christianisme seront exempts des corvées dues aux propriétaires nobles. On peut assurer d'avance que ce décret ne diminuera pas le nombre de ceux qui suivent en Pologne la religion de Moïse.

JUIFS DE RUSSIE. — JUIFS CARAI-TES DE LA CRIMÉE. — JUIFS DE SUÈDE ET DE DANEMARK.

On compte aujourd'hui environ deux millions d'Israélites dans l'empire russe, d'où les Juifs étaient autrefois exclus. Quatre cent mille, comme nous venons de le voir, habitent les provinces polonaises. En 1805 l'empereur Alexandre accorda aux Juifs de ses états le droit de faire instruire leurs enfans dans toutes les universités russes ou d'établir des écoles à leurs frais. Par l'ukase de 1817, publié dans des vues moins généreuses, il offrit aux Juifs qui embrasseraient le christianisme des terres et des priviléges importans. Mais il ne paraît pas que ces promesses séduisantes aient engagé beaucoup d'Israélites à abjurer la foi de leurs ancêtres.

On compte en Russie et principalement en Crimée beaucoup de Juifs caraïtes. Un voyageur anglais, M. Clarke [1], donne des détails intéressans sur

[1] *Clarke Edward Daniel Travels in Va-*

6...

la ville et la forteressé de *Dschefoutkalé*
(ville des Juifs) en Crimée, habitée exclusivement par des Caraïtes et qui renferme deux cents maisons et environ
douze cents habitans. Ce voyageur a été
bien accueilli par un des principaux habitans chez lequel il a connu le rabbin
de l'endroit, homme rempli de mérite
et qui ayant été appelé à Saint-Péters-
bourg par ordre de l'impératrice Ca-
therine II, avait soutenu un examen public avec beaucoup de succès. M. Clarke
obtint la permission d'acheter un manuscrit hébreu qui était d'une rare
beauté, et avait environ quatre cents
ans. Malheureusement ce manuscrit,
qu'on devait lui envoyer à Saint-Péters-
bourg, n'a pu parvenir à sa destination.
La probité des Juifs caraïtes est passée
en proverbe dans la Crimée. Leur parole équivaut à un contrat. La plupart
sont négocians ou fabricans. Leurs enfans sont instruits publiquement dans
les synagogues. Les Caraïtes, qu'on
pourrait appeler les Protestans du ju-

rious Countries of Europe, Asia and Africa,
London, 1813.

daïsme, s'attachent à la lettre de l'Ecriture sainte, rejettent tout ce qu'ils appellent *tradition humaine,* et, ce qu'il y a
de plus remarquable, regardent comme
des novateurs les *Rabbanites* ou Juifs
attachés aux traditions, se fondant sur
ce raisonnement spécieux, que *celui qui
s'écarte de l'ancienne marche doit être sans
contredit regardé comme le novateur.*

Les Juifs sont assez nombreux en
Suède et en Danemark, où ils ont obtenu des priviléges et où ils jouissent
d'une liberté très-étendue. Une ordonnance de 1788 permit aux Juifs de Danemark d'exercer librement les arts et
métiers. Leur population à Copenhague était alors de onze cent soixante-
dix individus des deux sexes. Parmi eux,
il y en avait deux cent cinquante âgés
de plus de cinquante ans, et par conséquent seulement neuf cent trente capables d'user de cette permission. En
1819, cette population s'était accrue
jusqu'au nombre de quatorze cent qua-
tre-vingt-onze individus, parmi lesquels
on comptait trente-quatre fondateurs
ou propriétaires de fabriques; cent qua-

rante artisans, maîtres, compagnons et apprentis, tels que boulangers, relieurs, imprimeurs, tourneurs, ciseleurs, orfèvres, chapeliers, tisserands, maçons, cordonniers, forgerons, selliers, tailleurs, matelots, etc.; cinquante étudians ou artistes (parmi lesquels plusieurs peintres), et vingt-cinq négocians. Dans le pays plat, il y avait aussi plusieurs cultivateurs juifs. Tels avaient été les résultats de vingt-cinq ans de liberté. A la vérité, les rabbins avaient puissamment concouru, par leurs sages conseils, à ce nouvel état de choses, en prescrivant à tout enfant mâle, au sortir de l'école gratuite, d'embrasser un état, une industrie; ce qui prouve quelle salutaire influence les rabbins pourraient exercer sur leurs coreligionnaires, et combien il importe que les doctrines qu'ils enseignent ne soient pas en opposition avec les vues bienfaisantes des gouvernemens.

Les Juifs de Suède et de Danemark se montrent complètement dignes de la protection éclairée qu'on leur accorde. Beaucoup se distinguent dans le haut commerce [1], d'autres cultivent avec succès les lettres et les arts. Plusieurs savans danois, plusieurs artistes distingués de ce pays professent la religion mosaïque. Une école gratuite pour les jeunes Israélites a été fondée à Copenhague en 1803. Les progrès des élèves y sont, d'année en année, plus remarquables. Le 10 juillet 1817, les Israélites de Copenhague, à l'exemple des Juifs de Prusse, ont célébré pour la première fois l'office divin en langue nationale. Les efforts d'un gouvernement philanthropique sont ainsi secondés par ceux de la population juive, religieuse sans bigoterie et qui avance à grands pas dans les voies de la civilisation.

[1] Il y a plusieurs années, le roi de Suède a décerné la grande médaille portant pour inscription : *Illis quorum meruere labores*, à un Israélite de Carlscrona, M. Fabian Philipp, qui s'est distingué en remplissant les fonctions de membre d'un comité de bienfaisance. Cet honnête fabricant a soutenu la maison de travail, en achetant de ses propres fonds et aux prix ordinaires les objets confectionnés dans l'établissement.

...6

ISRAÉLITES DES PAYS-BAS.

De tous les états européens, il n'en est pas où les Juifs aient trouvé plus de protection qu'en Hollande. Là comme partout en Europe ils sont divisés en Juifs originaires d'Allemagne et en Juifs espagnols ou portugais, dont les ancêtres vinrent dans cette contrée chercher un refuge contre les cruautés de l'Inquisition. Ils habitèrent assez longtemps la Hollande avant d'y exercer publiquement leur culte. C'est pendant la guerre des Pays-Bas contre Philippe II qu'ils élevèrent leur première synagogue à Amsterdam ; et ils n'épargnèrent pas les prières pour l'heureuse issue de cette lutte, qui devait consacrer la liberté religieuse. Dans les premières années du dix-septième siècle, ils comptaient déjà trois synagogues dans la capitale des Provinces-Unies. En 1675 ils élevèrent un grand et superbe édifice destiné à l'exercice de leur culte, et qui fut inauguré avec beaucoup de solennité et de pompe. On a fait le recueil des sermons qui furent pronon-

cés à cette occasion. L'un des prédicateurs prit pour texte ces paroles du
Deutéronome : *Vous êtes attachés à votre
Dieu* [1], et tâcha de prouver que le temps
des miracles n'était point passé, que Dieu
avait seulement changé la manière de
les opérer, et qu'au lieu d'être comme
autrefois visibles et éclatans, ils se faisaient d'une manière secrète et cachée.
Belle et grande pensée, à la fois philosophique et religieuse ; beau texte de
sermon pour un ministre de cette nation, dont la perpétuité au milieu de
tant de malheurs et de désastres est un
miracle tout aussi prodigieux que ceux
de l'Ecriture et de l'Évangile !

La synagogue d'Amsterdam produi-
sit des docteurs célèbres. Elle eut aussi
plusieurs poètes, la plupart d'origine
espagnole, et dont l'histoire a été écrite
par l'un d'eux, Daniel Lévi de Barrios [2]. A la tête des docteurs il faut placer Manassé, mort à Amsterdam en

[1] *Deut.*, ch. IV, v. 4.
[2] *Relacion de los Poetas y Escritores espan-
noles de la Nacion judayca Amstelodama,*
por Daniel Levi de Barrios.

1652, l'un des plus savans théolog
juifs qui aient existé. Il était Espag
d'origine, de la famille des Abarbanel
et il s'y allia en prenant une fille de
cette maison. Quelques théolog
chrétiens s'alarmèrent tellement de la
célébrité de Manassé, qui s'étendait
au-delà du cercle de ses coreligion
naires, qu'ils accusèrent publiquement
d'irréligion un poète de leur croyance
Barlœus, qui avait célébré en beaux
vers, et, ce qui vaut mieux, en vers phi
losophiques, les lumières de l'écrivain
juif. Outre les nombreux écrits pure
ment théologiques que publia Manassé
il fit un traité de la *Résurrection* qui ne
parut qu'après sa mort, et dans lequel
il prouve l'immortalité de l'âme, en
montre ses opérations pendant et après
la vie, et défend le système de la trans
migration des âmes. Il avait entrepris
d'écrire l'histoire de sa nation depuis
Josèphe jusqu'au temps où il vivait
mais la mort ne lui permit pas de met
tre ce projet à exécution, et il ne put
que publier le plan de cet ouvrage, dans
quel l'esprit méthodique de Manassé

vaste érudition auraient donné le grand prix.

massé, qui était imprimeur en temps qu'écrivain, laissa un fils rita de son imprimerie, et qui servit pour publier quelques ou— de son père.

homme justement illustre eut panégyriste et pour ami un célè-decin juif, Abraham Zacuth, né bonne en 1575, qui, après avoir ulé pendant trente ans sa religion rtugal, se réfugia à Amsterdam, se fit circoncire, et mourut l'an travaillant à plusieurs ouvrages me put achever. On a d'Abraham une *Histoire des principaux mé-*

connaît la réputation de la Bible as. Ce Juif, Espagnol de nais-enseigna d'abord à Hambourg, vint à Amsterdam, où il imprima (1661) son édition de la Bible, de-célèbre, et que depuis perfec-a Vanderhoogt.

Medicorum principum historiâ, libri X. 1629, in-8°.

Un savant Juif venu du Brésil, Isaac Aboab, se distingua comme prédicateur et comme poète. Il publia une paraphrase du Pentateuque, et chanta Moïse en vers héroïques.

Parlons enfin de Spinosa, né à Amsterdam en 1632, de parens juifs portugais. Spinosa, dont les opinions et les ouvrages devaient produire une si vive sensation, montra dès sa jeunesse cette originalité qui distingua pendant toute sa vie sa conduite et ses écrits. Il ne voulut prendre qu'un lit de la succession de son père, et vécut pauvre. Comme il voulait pourvoir à sa subsistance d'une manière indépendante, il apprit le métier d'opticien. Cette profession ne l'empêcha pas de se livrer avec ardeur aux travaux philosophiques, et principalement à l'étude de la philosophie de Descartes, qui lui inspira de l'éloignement pour les principes et la science rabbiniques. La franchise presque grossière avec laquelle il manifesta cet éloignement, son mépris hautain pour le culte et la pratique des cérémonies juives, lui attirèrent la haine des Juifs d'Amsterdam,

et il se crut obligé de quitter cette ville
pour chercher une retraite près de Leyde
et ensuite à La Haie. Le premier écrit
qu'il publia fut une *Démonstration géo-
métrique des principes de Descartes* (en
1664), bientôt suivie de ses *Méditations;*
et six ans après parut son *Traité théologico-politique,* où il développa le système
qui l'a mis au rang des athées célèbres.
C'est une chose remarquable qu'après
la publication de ce livre on offrit à
Spinosa une chaire de philosophie à
Heidelberg en Allemagne, mais il la
refusa parce que la liberté qu'on lui accordait d'exposer son système philosophique était insuffisante pour lui si on
ne lui permettait aussi d'attaquer la religion régnante. Quelques écrivains
français tâchèrent de l'attirer en France ; mais il est faux qu'il y soit venu,
comme on l'a prétendu [1], et que la
crainte d'être enfermé à la Bastille l'ait
obligé de s'enfuir sous un habit de cor-
delier. Spinosa ne quitta point la Hollande, où il mourut l'an 1677, à l'âge de

[1] *Menagiana.*

quarante-quatre ans. C'est à tort aussi qu'on lui met à la bouche ces paroles lorsqu'il sentit sa fin prochaine : *O Dieu, ayez pitié de moi, misérable pécheur!* Il ne connut pas mieux la Divinité à l'heure de sa mort, dit Basnage [1], qu'il ne l'avait connue durant sa vie.

Spinosa ne reconnaissant qu'une substance unique, confondait la matière avec Dieu. Quoi qu'en aient dit quelques Spinosistes (car notre philosophe eut ses sectaires), la conséquence inévitable de son grand principe qu'*il n'y a qu'une substance unique*, était que *Dieu et la nature sont une seule et même chose*, que l'univers est Dieu, et que Dieu est l'univers. Spinosa ne mettait aucune différence entre le corps et l'esprit; l'âme et le corps étaient pour lui une même substance qui avait deux différentes modifications, l'âme celle de penser, et le corps celle d'être étendue. Il plaçait l'homme dans trois états différens, l'un *naturel*, dans lequel il fait tout ce qu'il lui plaît; l'autre de *liberté*, dans lequel

---

[1] *Histoire des Juifs*, liv. vii, ch. 32.

il suit les mouvemens de sa raison ; le troisième d'*esclavage*, dans lequel il n'écoute que ses passions. C'était un singulier athéisme que celui de cet homme bizarre et ingénieux, qui, à l'aide de son grand principe *qu'il n'y a qu'une substance unique*, et par conséquent *point de divinité créatrice*, prouvait *l'unité de Dieu*, car, disait-il, il y aurait plusieurs dieux, s'il y avait dans le monde plusieurs substances.

Spinosa, qui avait quitté le judaïsme sans embrasser pour cela la religion chrétienne, et qui n'appartenait à aucune croyance, attaquait à la fois les miracles de l'ancien Testament et ceux du nouveau. Mais il faut le dire à sa louange, c'est le seul chef de secte qui n'ait point considéré ses dogmes comme des vérités importantes et essentielles au salut des hommes. On cite de lui ces paroles adressées à une femme chrétienne : *Votre religion est bonne ; vous n'en devez pas chercher d'autre, ni douter que vous n'y fassiez votre salut, pourvu qu'en vous attachant à la piété, vous meniez en même temps une vie honnête et paisible* [1]. Selon

____
[1] Colerus, *Vie de Spinosa*, pag. 73.

toutes les apparences, Spinosa croyait toutes les religions indifférentes et également mauvaises.

Il parut après sa mort un volume d'*Œuvres posthumes* (Spinosæ Opera posthuma), dans lequel on trouve des lettres, un abrégé de grammaire hébraïque, un traité de politique, et une *Morale géométriquement démontrée*. On lui a faussement attribué un ouvrage pseudonyme publié en 1665 contre les *Droits ecclésiastiques* [1], et dans lequel on soutient cette thèse : que le clergé dépendant absolument du magistrat des lieux où il réside, *ne doit point enseigner ce qu'il croit, mais ce que le souverain lui ordonne.* L'auteur de ce livre ne fut pas Spinosa, mais le médecin qui lui donna ses soins pendant sa dernière maladie, Louis Meyer, auteur d'un autre ouvrage : *L'Écriture sainte expliquée par la philosophie.*

C'est parmi ses anciens coreligionnaires que Spinosa trouva son plus vigoureux et son plus ardent antagoniste.

[1] *Lucii Autistii Constantis de jure ecclesiasticorum.* Amstel., in-8°.

Dom Baltazar Orobio, célèbre médecin espagnol, l'un de ces Juifs secrets si nombreux alors en Espagne, et qui avait expié par trois ans de tortures dans les cachots de l'inquisition son judaïsme présumé, était venu reposer à Amsterdam, dans un pays de liberté, un corps tout stigmatisé des fureurs sacerdotales, et une âme fatiguée de tant de secousses et d'une si longue contrainte. Là enfin il s'avoua Juif et se fit circoncire. Il continua avec le même éclat qu'en Espagne l'exercice de la médecine, et lorsque parut l'ouvrage de Spinosa (son *Traité théologico-politique*), cet homme qui avait tant souffert pour sa religion, et qui avait acquis le droit de combattre une doctrine qu'il regardait comme sacrilége et comme immorale, écrivit contre Spinosa et ses principes [1]. Oro-

[1] Ishac Orobio Certamen philosophicum adversùs J. B. principia (Amstel.) : *Combat philosophique d'Isaac Orobio contre les principes de J. B.* Orobio avait pris le nom d'*Isaac* en se faisant circoncire. Les initiales J. B. sont celles de *Bredenbourg*, simple marchand de Rotterdam, qui avait réfuté Spinosa, mais d'une ma-

bio ne borna point là son zèle religieux. Il s'engagea dans une discussion savante et animée avec le célèbre théologien Limborch, professeur chez les *Remontrans* d'Amsterdam. De l'aveu des Chrétiens eux-mêmes, il montra dans cette conférence un talent de controverse très-remarquable, beaucoup d'esprit, de jugement, et souvent de raison. Les principaux points de la discussion portaient sur les Evangiles, dont Orobio niait l'authenticité, soupçonnant qu'ils avaient été composés par des Grecs, puisque la langue hébraïque était celle de tous les Juifs, à qui ces livres devaient s'adresser ; sur le Messie, dont il aurait été plus souvent et plus nettement question dans les écrits de Moïse et des prophètes, disait Orobio, si Dieu eût voulu que le salut des hommes en dépendît ; sur les apôtres, dont on alléguait à tort, selon lui, la sincérité et la bonne foi, en les représentant comme des hommes simples et presque comme des idiots,

nière si faible et en lui faisant tant de concessions, qu'Orobio crut devoir combattre le philosophe en attaquant son prétendu antagoniste.

puisque saint Paul était lettré et saint Luc médecin, etc. Orobio mourut à Amsterdam en 1687, peu de temps après l'impression de sa *Conférence* avec Limborch.

D'autres villes de la Hollande produisirent au dix-septième siècle des rabbins distingués. Nous citerons David Cohen de Lara, auteur d'un dictionnaire hébraïque, et d'un ouvrage intitulé *la Ville de David*, où il prouve les rapports de l'hébreu avec le grec et plusieurs autres langues ; Juda Léon, si connu par sa *Description du temple de Salomon*, ouvrage qu'il composa à Middelbourg, et qu'il publia d'abord en français, à Amsterdam, avant de le faire imprimer en hébreu [1]. Juda Léon prépara cet ouvrage, monument d'érudition,

---

[1] Voici le premier titre de cet ouvrage : *Description du temple de Salomon*, par Jacob Juda Léon, habitant de Middelbourg, dans la province de Zélande, l'an du monde 5403 (1643). Une traduction latine, par Saubert, parut en 1655, à Helmstadt (in-4°). Juda Léon traduisit lui-même son ouvrage en hébreu, en y faisant de nombreuses additions.

de sagacité et de patience, qui fit l'admiration de tous les savans, en con-
struisant, sur de petites proportions, un
temple de bois, à l'image de l'ancien
temple, qu'il parvint ainsi à reconstituer
sur les plans qu'il avait tirés des divers
écrivains de sa nation. On a encore de
Juda Léon plusieurs ouvrages théologiques, et plusieurs thèses qu'il soutint
avec avantage contre des docteurs chrétiens.

L'esprit de tolérance qui de tout
temps distingua les habitans de la Hollande, et qui depuis le glorieux soulè-
vement de 1560 en a distingué les divers gouvernemens, fut pour les Juifs
de cette contrée une cause puissante de
progrès et de civilisation. Au milieu des
guerres et des agitations politiques dont
la Hollande a été le théâtre pendant la
plus grande partie du dix-huitième siècle et le commencement du dix-neuvième, cette tolérance d'une part, et de
l'autre les perfectionnemens, les améliorations de toute nature qui en sont
l'inévitable conséquence, ne se sont pas
un instant démentis.

Cependant quelle que fût l'humanité du gouvernement hollandais à l'égard des Juifs, ils n'avaient obtenu que peu de garanties légales, et trop souvent les intentions bienveillantes et éclairées des autorités se trouvaient entravées par les préjugés des *parnassims* ou syndics des communautés juives qui se trouvaient placés comme intermédiaires entre le pouvoir et leurs commettans, et qui ressemblaient assez à ce que sont aujourd'hui les consistoires en France. Ces *parnassims* exerçaient sur leurs coreligionnaires un pouvoir despotique. Ils avaient le droit d'*excommunier*, et prononçaient une amende de 1000 florins contre celui qui osait se plaindre d'eux. Cet état de choses barbare ne céda qu'avec peine aux efforts du temps et de la raison.

C'est à la révolution française et par suite à celle qui transforma pour un temps la Hollande en république batave, que les Juifs des Pays-Bas ont dû leurs droits civiques. En 1796 la Convention nationale batave décréta pour les Israélites le droit de cité. Ce n'est cependant que depuis la convocation du sanhédrin de Paris, en 1806, que data la chute du pouvoir des *parnassims*. Ces syndics, contre le vœu de leurs commettans, avaient refusé de s'unir au sanhédrin de Paris ; mais une communauté nouvelle s'était formée sous le nom de *Synagogue scissionnaire*, presque entièrement composée de Juifs allemands instruits et éclairés, et qui avaient pour but de renverser le despotisme absurde des syndics. Ces scissionnaires, qui jusque là avaient trouvé peu de faveur auprès de l'autorité, circonvenue sans cesse par les intrigues des *parnassims*, dûrent, au refus de ceux-ci de se rendre au sauhédrin, la première protection du gouvernement, qui autorisa le départ pour Paris de trois députés de la communauté nouvelle. Ce furent MM. Asser fils, avocat distingué, Litwack, mathématicien, et Lemon, médecin, qui avait été membre de la législature batave. Ces députés adhérèrent au nom de leurs commettans à toutes les décisions sanhédrinales [1].

[1] M. Grégoire, *Histoire des sectes religieu-*

Dès cette époque, la communauté nouvelle fut reconnue et lutta victorieusement contre l'influence des *parnassims*. Elle organisa son consistoire sur des bases que le gouvernement adopta. Elle vit plusieurs de ses membres honorés par des distinctions publiques. M. Cappadoce, médecin, fut nommé chevalier de l'ordre de l'Union; M. Asser père, l'un des jurisconsultes les plus distingués de la Hollande, fut mis au nombre des rédacteurs du *Code de commerce*; M. Meyer, avocat et savant légiste, fut nommé membre de l'Institut [1].

es. — Voyez plus loin, dans ce Résumé, pour ce qui concerne le sanhédrin, l'*Histoire des Israélites de France, depuis la révolution jusqu'à nos jours.*

[1] Il serait trop long de citer tous lès Israélites de la Hollande qui ont honoré leur religion et leur patrie, à la fin du dix-huitième siècle et au commencement de celui-ci. Nous nommerons MM. Heiman et Polak, médecins à La Haye; Stein, professeur de botanique; le docteur David, qui donna un rare exemple de désintéressement et de philanthropie en faisant à ses frais le voyage de Paris pour obtenir des enseignemens sur la vaccine, dont il introduisit

Si les Belges ne sont plus Français par la démarcation du territoire, ils le sont toujours par les opinions, la philosophie et les lumières. Si la Hollande n'est plus république batave, elle jouit d'une constitution qui consacre toutes les libertés civiles et religieuses, et qui permet à tous les Israélites d'aspirer aux distinctions, aux faveurs, aux emplois honorables dont quelques-uns d'entre eux sont revêtus. L'article 134 de la nouvelle constitution du royaume des Pays-Bas porte : « Il est accordé protection indistinctement à tous les cultes existans ; leurs sectateurs jouissent des mêmes prérogatives civiles, et ont droit d'aspirer également aux dignités et emplois publics. »

La sollicitude d'un gouvernement éclairé ne s'est pas bornée à consacrer parmi les citoyens l'égalité des droits. Convaincu que les lois les plus sages ne

l'usage en Hollande ; Heilbron, médecin d'Amsterdam, couronné six fois par l'académie des sciences de Rotterdam. Dans la carrière des armes, beaucoup de militaires et de marins se sont distingués par leur courage.

ont que des théories illusoires lorsqu'elles sont d'une pratique difficile,
s'est occupé des moyens d'en rendre
application facile aux Israélites peu
favorisés de la fortune.

Le principal obstacle à leur civilisation était l'habitude qu'ils avaient con-
servée (et que malheureusement beaucoup de Juifs de France et de Paris
ont encore) de parler un allemand bâtard, mêlé de locutions hébraïques. Ce
langage inintelligible dans les relations
sociales leur faisait négliger la langue nationale et apportait de grands obstacles
à leur instruction. Pour remédier à ce
grave inconvénient, un décret du 10 mai
1817 a prescrit une nouvelle organisation des écoles religieuses à l'usage des
Israélites indigens. Cette ordonnance,
motivée sur la nécessité d'allier l'enseignement de la religion avec la connaissance des devoirs généraux que
prescrivent la morale et le perfectionne-
ment de la société, mérite d'être citée
pour modèle à tous les gouvernemens
éclairés et animés de l'amour du bien.
En voici les dispositions principales :

« Toutes les anciennes écoles religieuses israélites seront abolies aussitôt qu'elles pourront être remplacées par les nouvelles.

» L'instruction aura pour base les langues hébraïque ou hollandaise, à l'exclusion absolue de l'allemand bâtard.

» Des commissions de surveillance pour ces écoles sont créées sous l'inspection d'un commissaire général avec lequel seul elles correspondront, sans dépendre des *parnassims* ou syndics des diverses communautés.

»Des inspecteurs pris parmi les rabbins les plus instruits seront nommés pour diriger l'enseignement religieux. Ils seront entretenus aux frais de l'état, et leurs honoraires augmenteront en proportion de leur zèle à enseigner la langue hollandaise et à civiliser la jeunesse.

» Les commissions exercent leur surveillance sur toutes les écoles religieuses de leur arrondissement. Elles feront fermer celles qui se trouveraient en contravention aux lois, et sont chargées d'examiner les précepteurs sur les di-

verses branches de connaissances relatives à leurs fonctions.

» Les enfans pauvres fréquenteront
avec assiduité non-seulement les écoles
religieuses, mais encore les écoles publiques communales, à moins qu'il ne
soit créé pour eux une classe d'instruction supplémentaire.

» On assurera l'entretien des écoles
religieuses par une répartition faite dans
l'arrondissement, indépendamment des
souscriptions et dons volontaires, ou
par le trésor public si les communes
montrent assez de zèle pour mériter
cette faveur.

» Il ne sera accordé aucun secours
aux familles indigentes qui néglige-
raient, après en avoir été prévenues,
d'envoyer leurs enfans, tant aux écoles
religieuses qu'aux classes communales.

» Le commissaire général présentera
ultérieurement un rapport au roi sur les
talens des rabbins actuellement en exercice, et sur les moyens qu'il conviendra
d'adopter pour leur former des successeurs. »

Une ordonnance, rendue quelques

mois après celle dont nous venons de citer les principaux articles, a créé pour l'administration du culte israélite une commission aulique, dont les opérations, toujours dirigées par un esprit de philanthropie et de tolérance, ne cessent de mériter la reconnaissance des Israélites et des hommes éclairés de tous les cultes.

Ce n'est pas au seul continent que se borne pour les Israélites des Pays-Bas l'exercice des droits de citoyen. Dans les colonies hollandaises, telles que *Surinam*, *Berbice*, *Démérary*, etc., ils trouvent la même protection, les mêmes avantages. Tout-à-fait assimilés aux colons, ils en partagent à la fois les charges et les droits, paient les mêmes impôts, et votent, comme les chrétiens, pour l'élection des magistrats. Ils exercent des professions utiles, sont propriétaires, se livrent aux travaux de l'agriculture, aux grandes spéculations industrielles, au commerce maritime. En un mot ils jouissent des mêmes prérogatives, et ne font pas moins d'honneur à leur croyance que les Israélites de la *mère patrie*. Ainsi partout, sous tous les climats, la tolérance et la liberté, le fanatisme et l'esclavage, produisent les mêmes fruits : d'une part, la prospérité et les lumières ; de l'autre, la misère et l'abrutissement.

GRANDE-BRETAGNE.

TEMPS ANTÉRIEURS AU SEIZIÈME SIÈCLE, DEPUIS
GUILLAUME LE CONQUÉRANT JUSQU'AU BANNIS-
SEMENT DES JUIFS SOUS ÉDOUARD Ier.

S'il faut en croire quelques historiens, les Juifs existaient en Angleterre
du temps de la conquête par Jules Cé-
sar. Basnage prétend qu'ils furent bannis de ce pays au commencement du
onzième siècle; mais il ne fait point
connaître la cause de cet exil, il ne dit
même pas sous quel règne il eut lieu.
Sous Guillaume le Conquérant, il en
vint de Rouen une colonie, qui acheta
de ce prince le droit de se fixer dans la
Grande-Bretagne. Tout porte à croire
qu'ils étaient les vassaux du roi, et qu'ils
ne pouvaient disposer, sans son consentement, de leurs personnes, ni de leurs
biens. Du reste, ils se distinguaient par
leur industrie, leurs lumières; faisaient
la banque, presque tout le commerce
extérieur, et (chose curieuse!) c'est de
leurs fabriques que sortaient presque
tous les ornemens d'or et d'argent à l'u-
sage des églises.

Ils étaient fort nombreux sous le règne de Henri II, qui leur accorda plusieurs priviléges, entre autres, celui d'enterrer leurs morts dans des cimetières particuliers. Le règne de Richard leur fut plus fatal. Le couronnement de ce prince (1189) fut signalé par un massacre dont le motif peint bien la profonde barbarie du temps. Le bruit s'était répandu à la cour et parmi le peuple que les Juifs étant presque tous sorciers, ne pourraient manquer de jeter un maléfice sur le nouveau prince, s'ils assistaient à son entrée dans Londres et à son couronnement. Plusieurs s'étant hasardés cependant à jouir de ce spectacle, furent reconnus, tués à coup de bâtons, et l'égorgement s'étendit à tous les Juifs de Londres et des provinces. Le massacre dura pendant toute l'année, qui était justement celle du jubilé : ce fut à merveille pour les dévots.

Le départ de Richard pour la croisade fut le signal d'une catastrophe nouvelle. Les Juifs croyaient avoir acheté la faveur du prince par des sommes énormes qu'ils avaient portées au trésor royal. Mais le peuple ne tint compte de ces dons qui ne profitaient qu'à la cour. Une exécution générale des Juifs fut résolue. Elle commença à Norwich (1190). Ce fut à Yorck que le carnage fut surtout horrible. Quinze cents Juifs s'étaient emparés de la ville pour s'y défendre. Assiégés, ils offrent de capituler et de racheter leur vie pour de l'argent. On refuse leur offre ; alors l'un d'eux s'écrie : *Qu'il vaut mieux mourir courageusement pour la loi que de tomber entre les mains des Chrétiens.* Aussitôt ils tuent leurs femmes et leurs enfans, et s'enferment dans le palais où ils mettent le feu, et se font brûler plutôt que de se rendre. Le peuple alors se répandit dans la ville, pilla leurs maisons et se gorgea de butin. Richard vit avec douleur ce carnage, mais il ne put l'arrêter.

Le roi Jean, qui succéda à son frère Richard, au mépris des droits d'Arthur, son neveu, fut un prince sans foi, sans probité, qui tourmenta également Juifs et Chrétiens, rabbins et évêques. On sait que le pape mit son royaume

en interdit (1208). Il pouvait cependant
dire, pour sa défense, que, s'il maltrai-
tait des archevêques, il extorquait les
biens des Juifs, et qu'aux yeux de l'E-
glise il devait y avoir compensation.
Las de piller les Juifs en détail, il voulut les dépouiller en masse. Il les bannit par un édit public, et pour leur rendre la fuite plus légère, il eut l'attention
délicate de confisquer préalablement
tous leurs biens. Toutefois beaucoup
parvinrent à se soustraire à l'édit de
bannissement. Beaucoup rentrèrent en
Angleterre, même sous le règne du roi
Jean.

Les violences et les exactions de ce
brigand couronné le précipitèrent enfin du trône. Le long règne de son fils
Henri III ne fut pas moins désastreux
pour les Juifs. Ce prince les pilla, comme le roi Jean; comme lui aussi il pillait tout le monde, et, sous ce rapport,
l'égalité des cultes fut reconnue par lui
en principe. Il eut aussi la manie de
convertir les Juifs, et crut racheter ainsi les nombreux péchés de son père. Il
fonda pour eux une maison de conver-

sion. On y vivait paisiblement et *grassement* : c'était presque un monastère. Aussi beaucoup de mauvais sujets, séduits par la perspective d'être logés et nourris sans rien faire, accoururent à la *maison de conversion*, et trouvèrent que le christianisme avait du bon.

Ce fut sous le règne de Henri III que se répandirent les premières notions détaillées sur le fameux *Juif errant*, qui avait jusque là vaguement occupé les imaginations crédules. Ecoutons le naïf récit de Mathieu Pâris, qui vivait en ce temps-là [1]. Un prélat arménien, qui était venu à Londres, porteur de lettres du pape, recommandant aux prélats européens de lui faire voir toutes leurs reliques et toutes leurs richesses pieuses, interrogé sur le Juif errant qu'on disait vivre encore en Orient, assura qu'il était en Arménie, que lui, archevêque, le connaissait, qu'avant son départ il l'avait reçu à sa table. C'était un Romain, nommé Cataphilus, portier de Pilate, qui, voyant traîner Jésus-Christ hors du prétoire, lui donna sur

[1] *Mathieu Pâris.* Henri III, pag. 242.

le dos un coup si violent, que Jésus indigné lui dit : *Le fils de l'homme s'en va, mais tu attendras son avénement.* Il se convertit, fut baptisé, mais il vit toujours, tombe en défaillance tous les cent ans, et revient alors à l'âge de trente ans qu'il avait à la mort de Jésus-Christ.

Nous n'avons raconté cette fable qu'à cause de la naïveté sérieuse que met dans son récit Mathieu Pâris, et pour prouver de nouveau qu'il n'est rien d'inadmissible à la crédulité humaine. Si cette fable ridicule valait la peine qu'on la rattachât à une pensée, nous dirions que le véritable Juif errant, c'est l'être collectif, répandu sous le nom de nation juive sur toute la surface du globe, être cosmopolite, errant, éternel. Ces quelques pièces de monnaie qui se retrouvent toujours dans la poche du Juif fabuleux, ne sont-elles pas l'image de ces ressources continuelles que le Juif de l'histoire trouve dans son activité, dans son travail, et dont la modicité suffit à sa vie sobre et industrieuse?

Mais revenons de la fable aux faits positifs. Nous avons parlé du génie de

Henri III pour la rapine et l'extorsion. Il pressurait avec une prédilection toute particulière les Juifs et les abbés. Les croisades lui fournirent un nouveau prétexte de tourmenter ses sujets de toutes les communions. Juifs et Chrétiens contribuèrent aux frais de la sainte guerre. Poussés à bout par ces continuelles spoliations, les Juifs demandaient à quitter l'Angleterre : on le leur refusait toujours. Les troubles qui signalèrent la fin du règne de Henri III ne leur furent pas favorables. Les barons ligués contre Henri exercèrent contre eux d'atroces violences. A cette époque, en Angleterre, la haine des Juifs était populaire, et les persécuter, une condition de popularité.

Le règne d'Edouard Ier s'annonça d'abord pour eux sous de moins funestes auspices. La troisième année de son règne (en 1276), la chambre des communes rendit une loi, qui, bien exécutée, aurait été pour les Juifs une garantie de sécurité et d'existence légale. Cette loi régularisait les taxes qui jusque là leur avaient été arbitrairement

imposées par la cupidité des rois. Elle
leur défendait l'usure, mais leur permettait d'acheter des terres et des maisons. Malheureusement le fanatisme
d'Edouard prit bientôt le dessus. Il né-
ligea l'exécution de la loi dans tout ce
qu'elle avait de salutaire et de conforme au droit commun, et en fit exécuter
avec la dernière rigueur les dispositions
vexatoires et humiliantes qu'y avait in-
troduites l'esprit du temps.

Selon l'usage, les accusations fausses et absurdes servaient de prétexte aux
persécutions. On accusait les Juifs d'altérer la monnaie, mais on trouvait leur
argent d'assez bon aloi pour le confisquer. On les incarcérait ; on les exécu-
tait par centaines ; leurs maisons, leurs
terres, leurs marchandises étaient con-
fisquées et vendues. Le terme de tant
de maux arriva enfin, et ce terme fut
le bannissement, préférable mille fois
à une hospitalité spoliatrice et sanguinaire.

En 1290, Edouard 1er publia un arrêt
de proscription. Les Juifs sont chassés
d'Angleterre, avec défense d'y rentrer,

sous peine de mort. On ne leur laisse
que l'argent nécessaire pour se trans-
porter sur un sol plus hospitalier. Plus
de seize mille Juifs quittèrent l'Angleterre pour n'y rentrer que sous Cromwel, c'est-à-dire trois cent cinquante ans
plus tard. Il est curieux de voir en quels
termes parle de cet exil une des notabi-
lités littéraires du seizième siècle, le
célèbre Polydore Virgile [1]. *La nation
juive*, dit cet historien, *dont le nombre
était prodigieux en Angleterre, en sortit
pour jamais* (Polydore se trompe et sa
prévision est en défaut), *se retirant toujours d'un lieu dans un autre, jusqu'à ce
qu'elle périsse entièrement* (autre erreur
du grand homme dont le vœu philanthropique ne semble pas devoir se réaliser); *et sa perte*, continue-t-il, *ne sera pas
fort affligeante, pourvu qu'elle nous laisse
ses livres sacrés, sans lesquels il serait
difficile de conserver notre religion dans les
siècles à venir.* Ici tout commentaire devient superflu. Il est inutile de faire remarquer l'humanité, les lumières, la sagacité profonde de l'historien.

[1] *Polyd. Virg.* Angl. II, l. xvii.

DEPUIS LE DIX-SEPTIÈME SIÈCLE JUSQU'A NOS JOURS.

En jetant les yeux sur l'histoire d'Angleterre pendant cette période de plus de trois siècles que dura le bannissement des Juifs, on serait tenté de regarder leur proscription comme une nouvelle marque de cette providence secrète qui semble veiller à la conservation du peuple juif. Que seraient devenus en effet les malheureux débris échappés aux exactions de Henri III et au fanatisme d'Edouard Ier, pendant les guerres sanglantes d'York et de Lancastre, et surtout sous le règne de l'atroce Marie Ire? Nul doute que cette exécrable reine, qui gratifia l'Angleterre d'une inquisition et qui fut la digne épouse de Philippe II, n'eût fait périr jusqu'au dernier des Juifs de son royaume sur ces bûchers où tant de malheureux expièrent la foi protestante. Il faut donc rendre grâces à ce salutaire exil qui arracha des milliers de victimes aux fureurs de Marie, et de ses dignes agens, les Gardiner, les

Bonner et autres bourreaux religieux de cette honteuse époque.

Les Juifs revinrent en Angleterre sous Cromwel. Leur retour ne fut pas autorisé par une loi; mais il fut toléré. Cromwel avait pour les Juifs un secret penchant; mais il connaissait trop bien ses religieux et fervens républicains pour le manifester trop hautement. Toutefois les avantages immenses que le commerce de la Hollande retirait de la tolérance accordée aux Juifs de ce pays, ne put échapper aux yeux de l'Angleterre, devenue république; et bien que le clergé anglais se fût opposé formellement au retour des Juifs, le Protecteur leur permit sous main d'y rentrer. On leur imposa, disent les historiens, trois conditions expresses; savoir : qu'ils ne feraient point de prosélytes, qu'ils enterreraient eux - mêmes leurs morts, et qu'ils auraient soin de leurs pauvres. Ils dûrent y souscrire d'autant plus volontiers qu'ils avaient toujours pratiqué *volontairement* la première condition; la seconde était dans leur loi, dans leur croyance, tout aussi bien que la charité qu'ils pratiquaient non-seulement envers leurs pauvres, mais envers ceux de toutes les communions.

Une députation singulière arriva vers Cromwel du fond de l'Asie. C'étaient quelques Juifs conduits par un célèbre rabbin d'Orient, Jacob Ben Azabel, qui venaient s'assurer si Cromwel n'était point le Messie. Ils obtinrent plusieurs audiences du Protecteur, et lui firent la proposition, qu'il repoussa, d'acheter tous les livres et manuscrits hébraïques de l'université de Cambridge. Comme ils ne cachèrent pas assez le but principal de leur mission, on les renvoya de Londres, où le simple soupçon que Cromwel pût être juif avait produit de l'agitation parmi le peuple.

Charles II ne s'opposa pas à la rentrée des Juifs, dont le nombre s'accrut par la vente des patentes d'affranchissement. Cependant le décret en vertu duquel ils avaient été bannis n'avait pas été révoqué, on leur défendait d'acheter des terres, et d'exercer les professions libérales. Les marchandises exportées pour leur compte payaient un

droit (*alien-duty*). Jacques II abolit ce
droit. Mais les négocians anglais se
plaignirent ; et la loi fut abrogée après
la révolution qui chassa de nouveau les
Stuarts du trône d'Angleterre.

Les horribles persécutions religieuses, les massacres, les *dragonnades* et
autres infamies dont Louis XIV, do-
miné par l'influence *déplorable* des jé-
suites, souillait son règne, quoique particulièrement dirigées contre les Protestans, chassèrent cependant de France un
grand nombre de Juifs, et en firent refluer
beaucoup vers l'Angleterre. Quoique
l'Eglise anglicane s'occupât beaucoup
trop de leur conversion, ils trouvaient
cependant protection et repos sur le sol
anglais. Un bill de la reine Anne obligea les Israélites à prendre soin de ceux
de leurs enfans qui embrasseraient la
religion protestante. Les lois de ce genre
étaient peu dangereuses, tant elles trouvaient rarement leur application. Enfin
1723 cependant, un Juif de Londres,
Moïse Marcus, homme fort riche et
fort instruit (alliance assez rare parmi
les Juifs), embrassa le christianisme.

Cette conversion fit du bruit. Marcus en exposa les motifs dans un ouvrage où il voulut démontrer l'accomplissement des prophéties relatives à Jésus-Christ, dévoiler toutes les contradictions et les absurdités du Talmud. Son ouvrage obtint l'approbation de Wilkins, archevêque de Cantorbéry, et alors primat d'Angleterre. Il s'est passé de nos jours quelque chose de semblable, à cette différence près, que la conversion de Moïse Marcus (homme riche, sans ambition, et que son père avait menacé d'exhérédation s'il embrassait le christianisme), était une œuvre de conviction et de bonne foi.

Sous le règne de Georges II (1753), on proposa au parlement de naturaliser tous les Juifs qui, depuis trois ans au moins, habiteraient l'Angleterre ou l'Irlande, et ne s'en seraient pas absentés pendant plus de trois mois consécutifs. Du reste, les Juifs devaient rester inhabiles aux fonctions civiles. Le bill fut appuyé par un grand nombre de manufacturiers et de négocians, soutenu par le ministère, adopté par les deux

...7

chambres, et sanctionné par le roi. Mais ce résultat ne fut pas obtenu sans une violente opposition. Le lord-maire, les aldermen et le conseil de la commune de Londres, avaient fait contre le bill (déshonorant, disaient-ils, pour les Chrétiens, et contraire aux principes de la constitution), une pétition au parlement. Tous ceux des commerçans de Londres qui ne faisaient point d'affaires avec les Juifs avaient réclamé dans le même sens. Sur tous les points du royaume, des plaintes éclatèrent; les prédicateurs, comme on le pense bien, ne cherchèrent pas à éteindre le feu, mais l'attisèrent. Dans la session suivante, l'invitation de solliciter la révocation du bill arriva de toutes parts au parlement; le ministère, entraîné à la fin par le torrent, combattit le bill à son tour : il fut rapporté.

Depuis cette époque, la condition des Juifs anglais (sous le rapport légal) n'a point changé. Elle s'est beaucoup améliorée, quant à leurs relations sociales et à la considération dont ils jouissent. Ils ont, pour ainsi dire, ob-

enu de fait cette naturalisation si con-
estée et les avantages qui en résultent.
Ils sont exclus de toutes les charges publiques, mais ils s'en consolent facilement par la libre pratique de leur culte,
l'exercice sans entraves de leur industrie, et la jouissance des droits civils
nécessaires à l'acquisition et à la possession paisible de leurs biens. Ils jouissent de tous les priviléges que le gouvernement britannique accorde aux cultes
étrangers à l'Eglise anglicane, et même
sur plusieurs points, l'intolérance de
cette Eglise s'est montrée moins sévère
à leur égard qu'envers les catholiques [1].
On les distingue en Angleterre, comme ailleurs, en Juifs portugais et en
Juifs allemands. Les premiers jouissent
de plus de considération que les se-
conds, soit par l'effet d'une prévention
injuste, soit qu'ils se fassent plus remarquer que les Juifs allemands par leur
intelligence, leurs lumières et leur pro-

[1] La chambre des communes vient enfin de
réformer la législation à l'égard des Anglais de
la secte catholique. Le bill de leur émancipation, passé dans les deux chambres, a obtenu la
sanction royale (mai 1828).

bité. La synagogue portugaise de Londres est dotée de capitaux très-considérables, produits par des legs et autres pieuses libéralités. Les Juifs anglais paient, comme tous les autres citoyens, la taxe des pauvres ; il n'en ont pas moins institué des sociétés de bienfaisance pour les indigens de leur culte. Des écoles juives pour les enfans des deux sexes sont entretenues par des dons volontaires et par des souscriptions auxquelles chacun contribue selon ses moyens. Une institution philanthropique, appelée *Portes de l'Espérance*, et fondée par des Juifs éclairés, fleurit à Londres sous la présidence du duc de Sussex. Elle a principalement pour but l'éducation des orphelins, et elle les pourvoit tous d'une profession, d'un métier.

Le nombre des Juifs anglais s'élève, dit-on, à 26,000 ; selon d'autres, il ne dépasse pas 16,000. Beaucoup d'entre eux cultivent avec succès les sciences, la littérature et les arts. Ils comptent beaucoup de rabbins tolérans, instruits et éclairés.

JUIFS D'OCCIDENT.

SECONDE PÉRIODE,

DEPUIS LE DIX-SEPTIÈME SIÈCLE JUSQU'A NOS JOURS.

ITALIE.

CE n'est que dans trois parties de ce royaume, les États romains, la Toscane et la république de Venise, que les Juifs eurent une sorte d'existence politique et une grande importance commerciale. Leur séjour de trois siècles dans le royaume de Naples, d'où les bannit Charles-Quint en 1540, ne leur permit pas d'y jeter ces profondes racines qui ailleurs semblaient les incruster dans le sol en dépit des arrêts de bannissement. Ils connaissaient d'ailleurs l'inflexible opiniâtreté du gouvernement espagnol; ils savaient braver ses bûchers, quand il se contentait de punir; il fallait obéir, quand il proscrivait. D'ailleurs les états voisins leur offraient

un asile ; le voyage était court, le dé-
placement facile ; aussi n'opposèrent-ils
pas cette résistance passive et souvent
victorieuse par laquelle ils avaient si
souvent neutralisé tant de mesures violentes, oppressives et spoliatrices. Aussi
depuis leur bannissement de Naples ils
ne reparurent plus dans ce royaume, et
maintenant encore on compterait à
peine quelques familles juives dans cette
ancienne province de la monarchie espagnole.

On a vu combien la politique des
papes, politique toute commerciale, il
faut le dire, fut changeante et versatile
à l'égard des Juifs. Parmi les papes du
seizième siècle, un seul montra un esprit
franchement fanatique dans les persécutions qu'il leur fit subir. Ce fut Grégoire XIII, qui célébra par une brillante
fête les *rigueurs salutaires* de la Saint-
Barthélemy. Tous les autres avouaient
naïvement l'intérêt de commerce qu'ils
avaient à protéger les Juifs ou à les
proscrire. Le seizième siècle finit d'une
manière déplorable pour les Israélites
des États romains. Clément VIII an-

bulle les lois tolérantes de Sixte-Quint,
et renouvelle la bulle d'expulsion de
Pie V; mais aux villes de Rome et
d'Ancône que celui-ci leur avait permis
d'habiter, il ajoute celle d'Avignon.
Ceux des Juifs qui ne profitèrent pas
de la permission allèrent grossir le nombre de leurs frères qui, sous Pie V, s'é-
aient réfugiés en Toscane et dans les
États de Venise.

On a dû remarquer avec surprise que
dans les bulles qui bannissaient les Juifs
des villes et des bourgs des États romains, la ville de Rome, la capitale du
saint Siége, était toujours exceptée. Clément VIII voulut colorer d'un prétexte
religieux cette exception, qui n'avait
pour véritable principe que la cupidité
des papes dont le bras était assez long
pour atteindre les Juifs à cent lieues, mais
qui cependant trouvaient plus commode de les pressurer dans Rome même.
S'il fallait en croire Clément VIII, le
privilége accordé aux Juifs de demeurer
dans Rome était fondé sur cette raison
que les Juifs ne devaient pas être éloi-
nés de Rome et de la vue du pape,

afin d'être toujours à portée de se convertir. Malgré cette preuve touchante d'intérêt pour le salut de leur âme, les Juifs
ne se convertissaient pas plus à Rome
que partout ailleurs, et maintenant encore, si la capitale du monde chrétien
voit de temps à autre un Juif abjurer
la foi de ses pères, c'est presque toujours
quelque intrigant qui arrive des comptoirs de Péra où des rives de la Seine,
laver dans l'eau du baptême d'anciens
méfaits, et chercher dans les faveurs
papales les ressources qu'il n'a pu trouver dans une honnête industrie, ou dans
d'honorables talens.

Si cependant de trop rares conver-
sions viennent édifier la ville sainte, la
faute n'en est pas aux papes, qui n'ont
rien négligé (sauf les moyens de rigueur
dont la plupart d'entre eux se sont abste-
nus, c'est une justice qu'il faut leur rendre) pour augmenter le nombre des convertis. Un pape du dix-septième siècle,
Innocent XI, se distingua par la ferveur
de son zèle à christianiser les Juifs, en
même temps que par la mansuétude de
ses mesures. On devait cependant at-

endre moins de tolérance que de tout
autre, de la part d'un pontife qui trouvait Louis XIV trop doux, trop pater-
nel pour ses sujets protestans, et qui
poussa, le roi dévot vers l'horrible atro-
cité des dragonnades. Plus clément pour
les Juifs que pour les réformés, Innocent XI se contenta de perfectionner le
système de conversion qu'avaient établi
Paul IV, Grégoire XIII, etc., et dont le
principal moyen consistait dans une prédication hebdomadaire que les Juifs
étaient obligés de subir le samedi, au sortir de la synagogue. En vain Innocent XI
obtint-il de ses prédicateurs qu'ils seraient modérés dans leurs sermons, miracle presque inoui dans les fastes de l'E-
glise catholique ; en vain voulut-il qu'ils
s'abstinssent de prononcer à haute voix
les noms de Jésus et de Marie, pour
ne pas effaroucher les oreilles hérétiques
de l'auditoire; les moyens de persuasion échouèrent comme ceux de la violence ; force fut à ce pontife et à ses successeurs de tolérer ce qu'ils n'auraient
pu empêcher que par des violences im-
politiques, et de se borner à prier le ven-

dredi saint [1] pour ces Juifs obstinés et endurcis, aussi inflexibles devant les prédicans de l'Eglise romaine que devant les bûchers de l'inquisition.

C'est une chose bien digne de remarque que cette horrible inquisition qui avait versé en Espagne et en Portugal le sang d'un si grand nombre de Juifs, et qui, transplantée en Italie pour y poursuivre la réforme, y parvint si bien qu'elle l'anéantit en vingt années, fut impuissante pour y étouffer le judaïsme, et n'essaya même pas sérieusement de disputer le sol italique aux débris de la nation juive. Toute la rage des inquisiteurs s'était tournée vers les réformés, objet spécial de leur mission sanguinaire. En 1540 l'inquisition espagnole, sous les auspices de la cour pontificale, vint s'établir en Italie avec son immense développement de terreur, d'espionnage et de supplices; et en 1560, il n'existait plus en Italie un seul Protestant : tous avaient été tués ou s'étaient faits catholiques. Quoique les

[1] Tous les vendredis saints, le pape prie pour les Païens, les Hérétiques et les Juifs.

poursuites de ce tribunal atroce fussent particulièrement dirigées contre les réormés, nombreux surtout dans la Calabre, il n'en fallut pas moins aux Juifs un courage héroïque pour se maintenir inébranlables en présence de ce tribunal de sang, qui, pour se populariser en Italie, au sein d'une population fanatique mais douce, avait modifié la franche et ouverte férocité espagnole, par une allure sombre et mystérieuse, par les supplices aussi secrets que les jugemens, aussi prompts que la délation. La conservation des Juifs en Italie, au milieu de cette sanglante période de vingt années, est peut-être l'un des traits les plus admirables de leur histoire.

Et les Juifs ne se contentaient pas de vivre dans l'obscurité du commerce, dans le silence de la vie domestique; ils avaient leurs écoles, leurs académies, leurs savans, leurs *gens de lettres*. Les discussions sur le Talmud, les querelles rabbiniques suivaient leur cours comme à Jérusalem ou à Tibérias. On leur fermait une synagogue à Lorette ou à Pésaro; ils en rouvraient dix à Venise ou à Modène. Leurs académies étaient florissantes ; leurs synagogues avaient des docteurs célèbres. Les Juifs de Venise se distinguèrent surtout par leur activité, leur science, leur habileté dans les affaires. Pendant que l'imprimerie fondée par Bombergue multipliait les Bibles et les savans commentaires, un Juif vénitien, Henriquez, était envoyé en Dalmatie par le sénat de la république pour traiter de la paix avec la maison d'Autriche. Le sujet de la guerre est assez curieux pour être raconté. Les Uscoques, peuplade de bandits, pillaient souvent les marchands juifs établis dans le territoire de la république, qui voyageaient pour leur négoce ; Venise voulut protéger ses sujets ; mais le gouvernement autrichien, avec cet esprit de lumière et de philosophie qui l'a de tout temps distingué, prétendit qu'il ne fallait protéger que les voleurs, parce qu'ils étaient chrétiens. Le Juif Henriquez vint à bout de terminer à la satisfaction du sens commun cette contestation ridicule qui avait fait verser du sang. Pendant que les Juifs marchands de Venise trouvaient ainsi protection dans le sénat, les Juifs lettrés soutenaient dignement l'honneur de la littérature rabbinique. Au premier rang brilla Siméon Luzzati, auteur du *Socrate*, ouvrage où il prétend prouver combien est faible l'entendement humain quand il n'est pas conduit par la révélation. Un docteur célèbre, Samuel Nachmias, abjura le judaïsme avec sa famille ; il écrivit contre les superstitions judaïques, et mourut fort vieux à Rome en 1687. Un autre rabbin, Mardochée Korkos, pensa qu'il valait mieux éclairer ses coreligionaires qu'abjurer leur croyance, et que pour écrire contre les superstitions juives, il n'était point nécessaire d'apostasier. Korkos écrivit un traité contre la Cabale, ouvrage plein de raison, que les rabbins dévots se sont bien gardés de faire imprimer.

Les imprimeries juives ne manquaient point pourtant. La célèbre imprimerie de Soncino, petite ville du duché de Milan, où quelques Juifs, partis de Spire, s'étaient établis à la fin du quinzième siècle, rivalisait d'activité et de succès avec celle de Venise. Un nombre immense d'écrits rabbiniques, reproduits par la presse, sortaient de la poussière où ils étaient ensevelis, et allaient au loin occuper les veilles pieuses des docteurs et des talmudistes.

Mantoue, Padoue, Ferrare, Modène, se distinguèrent par leurs académies fécondes en rabbins illustres. Nous citerons Menachem Rabba, de Padoue, prédicateur célèbre, mort en 1615 ; Jacob Tzaphalon [1], habile médecin, juriste profond, qui fut le chef de la synagogue de Ferrare, et qui fit imprimer à Venise plusieurs ouvrages de morale et de science. Dans l'un de ces ouvrages, intitulé *Pierres précieuses*, et qui est un recueil de pensées pieuses, précédé de quelques prières, il s'en trouve une à l'usage des médecins lorsqu'ils vont voir leurs malades. Beaucoup de personnes aujourd'hui prendraient cela pour une épigramme : de la part d'un médecin habile comme Tzaphalon, c'était tout simplement un trait de modestie et de

[1] Né à Rome, en 1630.

religion; mais on ne voit pas bien pourquoi l'auteur n'aurait pas fait aussi une prière à l'usage des malades, lorsqu'ils sont visités par leurs médecins.

Le plus illustre des rabbins du dix-septième siècle fut Jéhudah Arié, plus connu sous le nom de Léon de Modène [1]. Né dans la ville dont il prit le nom, ce savant, qui joignait à une grande érudition, une haine pour les Chrétiens qu'il ne prenait pas la peine de cacher, se donna beaucoup de mal pour prouver, par des recherches d'une subtilité puérile, que Jésus-Christ était l'*Ante-Christ*, ou un dieu étranger. Ces travaux, qui n'auraient point fait vivre sa mémoire, et qui n'auraient servi qu'à prouver de quelle extrême liberté de conscience on jouissait alors à Modène et à Venise, furent heureusement effacés par d'autres plus sérieux, plus recommandables, et qui ont placé Léon de Modène parmi les écrivains les plus distingués de sa nation. Tel est son *Traité des cérémonies juives*, ouvrage d'une ré-

[1] Mort à Venise, en 1645, âgé de soixante-dix ans.

putation européenne ; tel est encore le glossaire qu'il publia sous le titre de la *Bouche du lion*, et où sont recueillis tous les mots qui ne sont ni tout-à-fait hébreux, ni tout-à-fait chaldéens, et qui appartiennent en propre à l'idiôme rabbinique, ouvrage nécessaire à l'intelligence des docteurs modernes, et qui range Léon de Modène parmi le petit nombre de rabbins juifs qui ont préféré les travaux d'une saine érudition aux puériles et ridicules investigations de la science talmudique.

Remarquons ici que, depuis le seizième siècle, époque où prit naissance l'esprit d'examen, et d'où doit dater l'ère de la régénération sociale, la littérature rabbinique, littérature scissionnaire et anti-sociale par sa nature, a toujours été en décroissant. A quelques exceptions près, exceptions honorables et que nous avons signalées, cette littérature fut aussi stationnaire qu'elle était bornée dans son but et dans ses résultats. Ce fut le plus étonnant spectacle d'immobilité qui ait jamais été offert par l'intelligence humaine. Mais à mesure que tombent les barrières qui séparaient les Juifs de la grande société, à mesure que les progrès du temps amènent des améliorations dans les institutions ou dans les mœurs, cette littérature, toute de ralliement et de coalition, doit perdre peu à peu son caractère primitif, et finir par disparaître entièrement. On a vu comme elle perdit chez les Maures ce caractère primitif, comme elle sut enfin se *nationaliser* et seconder les progrès de l'esprit humain, chez ce peuple spirituel et éclairé qui fit participer les Juifs aux bienfaits de sa civilisation précoce. En Orient, sous des princes tolérans, sous le ciel qui vit son berceau, au milieu de peuples semblables aux Juifs par les institutions et les mœurs, on la voit jeter un vif éclat, grandir avec la civilisation, périr avec elle. En Occident, chez des peuples d'un caractère, d'un sang, d'un culte, d'un climat, d'un gouvernement tout divers, on la voit briller à mesure que la civilisation recule, s'éteindre à mesure qu'elle avance, disparaître enfin à mesure que s'opère la fusion politique et intellectuelle des débris d'Israel et de la grande famille européenne.

Il est peu de contrées où cette fusion ait rencontré et rencontre encore de plus grands obstacles qu'en Italie, et cependant telle a été l'impulsion donnée à l'esprit humain depuis le seizième siècle, telle est cette nécessité puissante qui semble emporter toutes les résistances, et assurer d'avance le triomphe de la raison, qu'en Italie comme partout ailleurs, périssait la littérature rabbinique, à mesure qu'avançait la révolution française, qui devait terminer cette grande lutte, ou du moins assurer pour un avenir plus ou moins prochain la victoire de l'intelligence sur la force, et jeter les bases d'une morale universelle. Les Juifs d'Italie virent enfin briller cette aurore d'une régénération complète, qui devait trop tôt s'évanouir, mais dont ils n'attendront pas en vain le réveil. On ne peut se figurer combien le passage des Français en Italie fit de bien à la civilisation de ces contrées, et combien le gouvernement impérial, qui ne répudia pas, à l'égard des Israélites, les principes politiques que la révolution avait consacrés, fut fécond pour les Juifs d'Italie, comme pour tous ceux de l'Empire, en résultats salutaires et glorieux [1].

Prenons pour exemple le royaume de Sardaigne, où les Juifs n'avaient autrefois qu'un droit d'asile : toutes les professions honorables leur étaient interdites ; on leur défendait surtout d'acquérir des biens ruraux. Le commerce de fripier, la faculté de prêter à dix-huit pour cent, voilà tout ce qu'on leur permettait. En 1810, sous l'empire, on comptait dans les anciens états de Gênes, de Piémont et de Sardaigne, dans une population juive de cinq mille cinq

---

[1] Un seul acte du gouvernement imperial (nous l'avons dit page 179 de ce Résumé) fut contraire aux Israélites, et mérita le blâme de tous les esprits justes et philanthropes. Ce fut le décret du 17 mars 1808. Ce décret, fait pourtant dans des intentions louables et élevées, dignes de l'auteur de la convocation du Sanhédrin, avait le tort de vouloir arriver à la justice par l'iniquité, et au droit commun par la violation de ce droit. Nous y reviendrons plus tard.

cent quarante-trois individus, *cent qua-
tre-vingt-deux* propriétaires, *quarante-huit*
fabricans, *quatre cent deux enfans* voués
aux travaux utiles, aux arts, aux sciences, et fréquentant les écoles publiques.
Quelle éloquence que celle des chiffres !

Le retour de l'ancien ordre de choses a détruit tous ces bienfaits et privé
les Juifs de leurs droits civiques, que
leur avaient assurés la constitution de 91
et les lois de l'empire. La domination
française avait assimilé les Juifs aux
autres citoyens de l'Etat; le retour des
rois légitimes les a replacés sous la
tyrannie des anciennes lois; toutes les
restrictions anti-sociales sont en pleine
vigueur, excepté pourtant en Toscane,
où les Juifs, si nécessaires au pays par
l'étendue de leur commerce, jouissent
de quelques priviléges et de quelques
droits politiques. Ils sont exclus des emplois publics et de la profession d'avocat; mais les autres professions leur sont
ouvertes. Dans le royaume lombard-
vénitien, où l'on en compte environ
sept mille, ils sont soumis à la législation autrichienne, exclus de tous les

emplois, et ne peuvent guère se livrer qu'au commerce. Dans les Etats de Modène, où depuis nombre de siècles les Juifs avaient le droit d'acquérir des biens immeubles, le duc actuel leur **a** interdit la faculté d'en acheter de nouveaux, mais leur a permis de garder ceux qu'ils ont acquis. Il n'y a de Juifs ni dans l'île d'Elbe ni dans l'île de Corse; on en trouve à Malte depuis l'occupation angalise; dans les Etats de l'Eglise, ils gémissent sous le sceptre de fer du gouvernement actuel; les plus riches ont émigré et ont cherché un asile en Toscane. Telle est en Italie la destinée actuelle de ce peuple, digne d'un meilleur sort, et qui, partout où la civilisation l'admet à partager ses bienfaits et à concourir à l'accomplissement de ses œuvres, fournit au pays des hommes distingués, des soldats intrépides, des citoyens dévoués et patriotes.

ESPAGNE ET PORTUGAL.

Depuis le quinzième siècle il n'y a plus de Juifs en Espagne, si ce n'est à Gibraltar depuis que cette place est tombée au pouvoir des Anglais, c'est-à-dire depuis la reine Anne. Si la constitution des Cortès se fût consolidée, les Juifs y auraient fondé de nouveaux établissemens, et auraient fini peut-être par obtenir du fanatisme espagnol, modifié par l'influence d'institutions libérales, la concession de leurs droits civils et politiques. Le triomphe du régime monacal leur ferme pour jamais ce pays, où l'espèce humaine est dégradée par la superstition la plus honteuse et le plus servile esclavage. Les Juifs, depuis des siècles, ne tournent plus leurs regards vers l'Espagne; ils semblent qu'ils aient désespéré de la liberté dans ces contrées. C'est une chose remarquable que partout les Juifs pressentent la civilisation; et quand ils ne la devancent pas, ils la secondent. On peut assurer que là où ils pénètrent, là où ils restent, la civilisation viendra un jour, et avec elle tous

les biens qui en découlent, l'affranchissement des hommes, leur égalité devant
la loi et la liberté religieuse.

Puisse cet avenir se réaliser pour le
Portugal, malgré ses moines et don
Miguel! Quoi qu'il en soit, les Juifs sont
tolérés à Lisbonne; ils y ont été rappelés par le feu roi Jean VI, en récompense de ce qu'ils avaient procuré au
Portugal, affligé d'une forte disette, plusieurs cargaisons de blé; depuis cette
époque ils vivent tranquilles à Lisbonne,
et ils y exercent publiquement leur culte.
Plusieurs familles nobles portugaises
sont notoirement d'origine juive, et portent les mêmes noms que leurs anciens
coreligionnaires, réfugiés en Hollande,
en Angleterre, en France, tels que les
Pinto, les *Almeida*, les *Caravalho*, les
Mello, les *Azevedo*, etc. Malheureusement l'inquisition est de nouveau im-
minente pour cette belle contrée, qu'on
ne peut voir sans douleur livrée à l'a-
narchie, au fanatisme, et à toutes les
saturnales de la servitude. Don Miguel a
déchiré le pacte d'alliance juré entre don
Pedro et la nation; il a usurpé les droits

de son frère ; et déjà l'audacieuse faction qu'il sert par le parjure dévoile ses projets sanguinaires et proclame le prochain réveil de ce tribunal atroce dont le souvenir vivra à jamais dans l'exécration des hommes [1].

[1] Depuis que ces lignes ont été écrites, la face des choses a de nouveau changé en Portugal, mais cette fois c'est à l'avantage du sens commun et de la liberté. L'armée portugaise, toute dévouée à la constitution et à don Pédro, s'est insurgée contre l'audacieuse révolte du prince-régent, et il faut espérer que le bon droit l'emportera sur la trahison et sur le parjure.

FRANCE,

DIX-SEPTIÈME ET DIX-HUITIÈME SIÈCLES.

Nous avons vu les Juifs de France chassés par Charles VI à la fin du quatorzième siècle; ceux de la Provence, qui avait été réunie à la couronne en 1481, chassés définitivement par Louis XII en 1501, après vingt ans de persécution et de massacres. Il ne restait en France que les Juifs portugais établis à Bordeaux et à Bayonne, et qui, au milieu de ces tristes vicissitudes, achevèrent en paix le seizième siècle, sous la protection successive de Henri II et de Henri III, qui leur accordèrent l'état civil par des lettres patentes, enregistrées le 19 avril 1580 au parlement de Bordeaux.

Depuis 1552 cependant, d'autres Juifs se trouvaient enclavés dans la monarchie française; c'étaient ceux de la ville de Metz, dont Henri II s'était emparé : ce prince leur laissa le domicile qu'ils avaient acquis sous une domination étrangère; ils furent momentanément

..8

chassés sous Henri III, rappelés sous Henri IV, qui leur accorda par des lettres patentes le droit de résidence et de commerce; Louis XIII, en 1632, confirma par de nouvelles lettres celles de son prédécesseur; et quoique en 1615 il eût banni les Juifs de France, il excepta de cet arrêt les Juifs de Metz et ceux de Bordeaux.

Lorsque, par le traité de Westphalie, la province de l'Alsace fut réduite sous la domination française, Louis XIV, par ses lettres patentes du 25 décembre 1657, prit sous sa protection les Juifs qui s'y trouvaient domiciliés, confirma les priviléges que leur avaient accordés les empereurs, et les fit jouir des mêmes prérogatives que les Juifs de Metz.

Comme l'histoire des Juifs de France avant la révolution se réduit pour ainsi dire à l'histoire des Juifs d'Alsace (puisque, à l'exception de Bordeaux, Bayonne et de quelques villes de la Lorraine, les Juifs n'habitaient guère que cette province) nous allons mettre sous les yeux de nos lecteurs les principales parties d'un mémoire précieux qui, en 1780, fut présenté par les Juifs d'Alsace au conseil d'état de Louis XVI. Ce mémoire, qui offre de curieux détails sur la situation administrative de la France à cette époque, en même temps qu'il donne les éclaircissemens les plus détaillés et les plus précis sur l'état des Juifs d'Alsace pendant les dix-septième et dix-huitième siècles, et sur leurs rapports tant envers le roi qu'envers les seigneurs territoriaux, avait pour objet de procurer aux sectateurs de la loi mosaïque une jouissance moins limitée des droits de l'homme et du citoyen, et prépara, nous n'en doutons pas, les efforts du vertueux monarque, et de son digne ministre Malesherbes, pour opérer la régénération des Juifs, et l'amélioration si méritée de leur état social.

MÉMOIRE PRÉSENTÉ EN 1780 PAR LES JUIFS D'AL-SACE AU CONSEIL D'ÉTAT DE LOUIS XVI.

« Avant de rechercher les causes des changemens qu'ont éprouvés les Juifs d'Alsace, il est bon, disent les auteurs du *Mémoire*, de rappeler quel était l'état de cette province lorsqu'elle passa sous la domination de la France.

» Quoique par le traité de Munster de 1648, l'Empereur, l'Empire et la maison d'Autriche eussent pleinement cédé au roi l'Alsace entière, avec tout droit de domaine et de souveraineté absolue, cependant le roi ne fut d'abord en possession que de la haute Alsace, de la préfecture d'Haguenau et des dix villes impériales qui en dépendaient : les seigneurs du surplus de la province, qui avaient peine à se détacher de l'Empire et de leur ancienne immédiateté, ne se soumirent que successivement au roi, qu'il fallait reconnaître pour seul et unique souverain seigneur, sans aucune concurrence de supériorité.

» Établis de temps immémorial tant dans la haute que dans la basse Alsace, les Juifs ont passé sous la puissance de la France avec cette province. Louis XIV les y a conservés, a confirmé leurs droits et leurs priviléges, en les assimilant à tous les autres Juifs établis à Metz. C'est à la faveur de cette longue possession que le roi leur a fait la grâce de les y conserver : il y a plus d'un siècle qu'ils en jouissent. Leur état devrait donc être sous la domination française ce qu'il était sous celle de l'Empereur, de l'Empire et de la maison d'Autriche, puisque le roi, qui réunit tous les droits de ces trois puissances, les a maintenus dans cette province.

» Les Juifs cependant voient avec la plus amère douleur la triste condition à laquelle ils sont aujourd'hui réduits, et la nécessité de leur propre existence les force à recourir à l'autorité du monarque bienfaisant dont ils sont les sujets, pour intéresser sa justice et sa bonté à jeter sur eux un regard de protection qui les délivre de l'état d'oppression sous lequel on tâche depuis si long-temps de les faire succomber.

» Pleins d'une confiance respectueuse, ils vont mettre sous ses yeux le tableau de leur condition actuelle, et ils osent attendre de la bonté de Sa Majesté le seul remède à leurs maux, un réglement qui, en leur conservant une existence libre, leur assure en même temps les moyens licites de la soutenir.

*Droits de protection, de réception et d'habi-
tation.*

» Indépendamment des droits et contributions dont les Juifs sont chargés
tant envers le roi qu'envers les communautés chrétiennes où ils résident, et
dont il sera ci - après parlé, ceux de la
haute Alsace paient directement au roi
un droit de *protection* que perçoit le fermier de ses domaines : ce droit est fixé
à dix florins et demi ou vingt-une livres,
sans préjudice des huit pour cent. Les
seigneurs particuliers de cette même
partie de la province ne peuvent exiger
qu'un simple droit d'*habitation*, qui est
fixé à dix-sept livres par famille. Ce
droit tient lieu aux Juifs de toute autre
contribution quelconque ; une ordonnance de M. Poncet de la Rivière, intendant de la province, du 19 août 1672,
renouvelée par M. de la Grange en 1774,
a décidé que toutes les prétentions des
seigneurs particuliers de cette partie de
l'Alsace se bornaient au simple droit
d'habitation, celui de protection étant
propre au roi seul.

» Dans le reste de l'Alsace, les gentils-hommes immatriculés se font payer un droit de *réception* lorsqu'ils accordent à un Juif la permission de demeurer dans leurs terres : ce droit est une fois payé. Ils lèvent en outre annuellement sur les mêmes Juifs un droit d'*habitation* par chaque famille. L'usage semble avoir fixé le droit de réception à trente-six livres, et le droit annuel d'habitation à pareille somme. Cette fixation, qui n'est réglée que par des lettres patentes que Sa Majesté a accordées l'année dernière à la noblesse de la basse Alsace, n'était ci-devant établie par aucun titre constant et formel, et ne tirait sa force que des lettres patentes accordées à M. l'évêque de Strasbourg en 1682, et au comte de Hanau en 1701.

» Ces lettres, en confirmant les droits que prétendaient ces deux seigneurs, ne pouvaient servir de titre aux autres seigneurs particuliers qui n'y étaient pas dénommés, et qui ne jouissaient qu'en vertu d'une longue possession ; on n'examinera pas ici si ces seigneurs étaient fondés ou non à exiger des Juifs un droit de réception: accoutumés à cette loi, ils ne cherchaient pas à s'en affranchir; long-temps cependant la fortune vraie ou non du récipiendaire servait de base à la volonté du seigneur qui déterminait l'impôt. Céder à la nécessité et subir toute la rigueur de leur sort sans oser se plaindre, tel fut toujours le partage des Juifs d'Alsace; il arrive même encore que, sans contrevenir aux dispositions desdites lettres patentes, certains seigneurs n'accordent que conditionnellement la permission de s'établir dans leurs terres, et cette condition, qui détermine l'admission, entraîne souvent le sacrifice d'une portion de la fortune du récipiendaire.

Exemptions.

» La nature, l'humanité et les lois sollicitent également l'exemption de l'un de ces droits, le droit annuel d'habitation, en faveur des vieillards infirmes septuagénaires et des veuves âgées, réduites à un état de pauvreté, ou qui sont à la charge de leurs enfans : les Juifs n'ont à cet égard que des actions de grâces à rendre aux fermiers du domaine de Sa Majesté et aux seigneurs particuliers dont la générosité a déjà assuré ces bienfaits à quelques-uns d'entre eux. A cette classe de privilégiés se joint naturellement celle des rabbins, chantres et maîtres d'écoles, qui, n'ayant point de domicile fixe, en changent suivant les circonstances. Ces particuliers, officiers de la nation, ne pourraient raisonnablement être astreints à payer un droit de réception ou d'habitation à chacun des seigneurs sous le domaine desquels ils seraient envoyés par leurs supérieurs: Il est de la même équité de les affranchir de contributions annuelles et des prestations personnelles dont sont également affranchis les Chrétiens chargés de pareilles fonctions dans leurs communautés : différentes ordonnances de MM. les intendans de la province ont déjà prononcé en partie sur ces exemptions.

Admission des enfans mâles.

» Si le Ciel lui donne des enfans, ce n'est point assez au Juif d'avoir satisfait aux droits de réception ou d'habi-
8...

tation; le domicile du père ne se transmettra point à ses enfans, pas même à son fils aîné. Si ce dernier se marie, il devient le chef d'une nouvelle famille, il est forcé d'acheter de nouveau le droit de citoyen, qui doit s'éteindre avec lui, comme il s'est éteint ou doit s'éteindre avec son père.

» Le droit de réception étant en effet à l'égard des Juifs ce qu'est celui de citoyen à l'égard des Chrétiens, il est constant et indubitable que ce droit, une fois accordé au père de famille, devient commun et inamovible à ses enfans mâles. Est-il un homme qui ne doive avoir sa place sur la terre, du moment qu'il a plu à l'Etre suprême de le faire naître? Où prendra-t-il donc ce domicile? Celui du père est nécessairement celui des enfans; le leur ôter, c'est les détruire; c'est ôter à l'un ceux à qui il a donné l'existence, aux autres leur chef et leur appui. Lorsqu'un Juif acquiert le domicile, n'est-ce donc que pour lui qu'il l'acquiert? non sans doute; un pareil système serait absurde : là où est le père, là sont les enfans; ce serait enfin s'opposer aux décrets de la nature, en renverser l'ordre, que dé forcer les enfans à abandonner le domicile de leur père.

» Ne serait – il pas étonnant en effet qu'un seigneur particulier eût le droit de refuser à un Juif né dans ses terres la faculté d'y fixer son séjour; cette espèce d'expulsion ne tendrait-elle pas à affaiblir les droits du domaine de Sa Majesté? ne serait-ce pas lui ôter des sujets? et quel seigneur particulier, sujet lui-même du souverain, peut, sans concession ou privilége spécial, s'arroger la prérogative d'en diminuer le nombre? Ce n'est pas sans doute blesser le respect dû aux seigneurs et aux gentilshommes d'Alsace de les qualifier de sujets du roi. Plus cette qualité est distinguée en eux par la naissance, les titres et les honneurs, plus ils se font gloire de reconnaître un souverain; les Juifs domiciliés en Alsace y sont sous la protection du roi; ils sont ses sujets, et plus cette qualité est isolée en eux de tout autre avantage, plus elle leur est précieuse, et plus ils sont jaloux de la conserver; ils forment un corps, le roi leur fait la grâce de les protéger : laisser à chaque seigneur le droit de refuser aux enfans le domicile de leurs pères, c'est les détruire. Par quelle fatalité enfin, par quelle contradiction dans la loi, verrait-on châtier les vagabonds et obliger un peuple à le devenir?

» Ils osent à cet égard réclamer les bontés d'un monarque chĕri, à qui tous ses sujets, de quelque rang qu'ils soient, doivent un égal tribut de respect, d'amour et de reconnaissance.

Péage corporel.

» Admis au bienfait inestimable d'être les sujets du roi, participant aux charges de l'Etat, contribuant à celles des communautés d'une manière constante et fixe, notamment par un réglement du 15 mai 1744, confirmé et approuvé par arrêt du conseil d'état, du 4 mars 1747 [1],

[1] Cette ordonnance d'un intendant de l'Alsace fixait l'impôt à payer par les Juifs aux communes dans lesquelles ils vivaient, en proportion de la capitation. Celle-ci était déter-

les Juifs d'Alsace demandent le caractère ineffaçable de sujets français dans
l'anéantissement d'un droit aussi humiliant que contraire au vœu de la nature,
celui du *péage corporel*. Les Juifs, en ac-
quérant le droit de demeurer dans une
province où l'autorité du roi les pro-
tége, doivent naturellement partager les
avantages des citoyens dont ils partagent
l'obéissance; ils cessent d'être errans;
enfans de l'Etat, ses droits, ses faveurs
leur deviennent communs, et ce signe
d'une ancienne servitude doit s'effacer
par la grâce que leur accorde le souverain en les admettant au nombre de ses
sujets. Il est donc naturel que les Juifs
domiciliés dans le royaume soient affranchis de droits que devraient tout au
plus supporter les étrangers de cette nation que leurs affaires y appellent.

» L'étendue et la multiplicité des droits
que paient ceux qui sont domiciliés en

minée annuellement par l'intendant de la province, et les Juifs la réglaient entre eux. Un
Juif qui payait vingt sous de capitation, en
contribuait vingt-cinq pour l'impôt en temps
de paix, et cinquante en temps de guerre.

..8

Alsace, leur font espérer que Sa Majesté voudra bien leur donner une preuve de sa protection en abrogeant un droit qui leur devient des plus onéreux, surtout relativement à la ville de Strasbourg, où ils sont obligés de payer, en entrant, trois livres par jour. Il est facile de concevoir combien ce droit est exorbitant en même temps qu'injuste, puisque cette ville étant la capitale de la province, devient le centre du commerce, et qu'il est inoui de faire payer un impôt aussi considérable à des sujets qui y viennent pour acheter les choses les plus nécessaires, comme des comestibles, des étoffes pour se vêtir, ou pour consulter sur leurs affaires, ou leur santé, n'ayant point d'autre raison de s'y rendre, puisque tout commerce leur est interdit avec les bourgeois par les statuts particuliers de cette ville. Cette contestation, souvent agitée, n'a jamais été jugée par MM. les intendans, qui, ne trouvant point de moyens suffisans pour la décider contre les Juifs, l'ont renvoyée au conseil d'état, où elle est encore indécise. Quels moyens leur

resteront donc pour payer, indépendamment des droits de protection et
d'habitation, et des frais généraux et
particuliers auxquels la nation est imposée intérieurement, l'entretien des
écoles, des synagogues, les honoraires
des rabbins et les gages des chantres et
des maîtres d'écoles ? Comment pour-
voiront-ils au paiement de la capitation
envers le roi, du vingtième d'industrie,
du vingtième sur les maisons [1], et de
tous leurs autres impôts ? Ils présentent
avec confiance ce tableau effrayant,
mais trop réel, de leurs charges, à la
bonté de Sa Majesté, de laquelle ils osent
attendre l'abolition d'un péage aussi
onéreux qu'humiliant.

Usure.

»Quelle sera maintenant leur existence,
quelles ressources et quels moyens de sub-

[1] On nommait *vingtième d'industrie* et *vingtième sur les maisons*, une taxe du vingtième
denier ou de cinq pour cent pris sur le produit des professions et des loyers. Les Juifs
payaient cet impôt sur le même pied que os
autres sujets.

sister pourront-ils se procurer? Ce n'est qu'avec les larmes de la douleur qu'ils contemplent la position affreuse où ils sont réduits : privés de toutes facultés de commerce et d'industrie, restreints dans les bornes les plus étroites, le commerce des bestiaux et de l'orfévrerie leur était seul permis : de nouvelles déclarations ont successivement proscrit ces moyens qui leur présentaient une subsistance sans crime : un seul leur restait, et est devenu la source de leurs malheurs, si toutefois l'on peut accuser de crime des hommes privés des moyens licites et communs à tous les autres pour soutenir une vie qu'ils ont reçue de la Divinité, et élever la famille qu'elle leur accorde : c'est cependant sous le prétexte affreux de l'usure que les Juifs d'Alsace éprouvent continuellement des vexations de tout genre ; victimes des accusations les plus calomnieuses, ils ont été long-temps, sur des témoignages faux, traduits devant des tribunaux dans lesquels souvent la prévention et l'intérêt leur présentaient un accusateur dans la personne du juge ;

quelquefois la partie intéressée ou la partie publique, sur la dénonciation, y remplissait de son propre mouvement un personnage que les lois interdisent à tout autre; on croirait à peine, si des exemples n'en avaient fourni la preuve, que des ministres de paix, des ministres des autels, s'érigeant de leur propre mouvement ou par des suggestions criminelles, en commissaires revêtus d'une autorité particulière, se soient permis de rechercher avec autant de scandale que d'infidélité des dépositions et plaintes d'usure, pour ensuite les remettre à des procureurs fiscaux qui, au mépris des lois et par des vues particulières, n'ont pas craint d'exciter des plaignans, et de faire retentir leurs tribunaux d'accusations aussi téméraires et peu fondées, qu'incompétemment reçues. Il est en effet de principe que l'usure étant un cas royal, la connaissance en est dévolue de droit aux juges royaux, à l'exclusion de tous juges particuliers; nombre d'ordonnances ont consacré cette jurisprudence : la dénonciation de ce crime ne peut être faite que par celui envers qui elle a été exercée ; ce n'est point là un de ces crimes violens contre lesquels on ne peut se prémunir, et qui intéressent principalement la vindicte publique : chacun peut être sa sauve-garde en ne contractant point avec un homme suspect d'usure.

» Cependant il est peu de justices seigneuriales dans la province d'Alsace, dont les officiers sont ignorans pour la plupart, et où un seul gradué devient le maître de l'honneur et de la liberté d'un citoyen qu'il anéantit en le décrétant de prise de corps, qui ne se soient permis des procédures aussi irrégulières que vexatoires.

» Enfin, grâce aux bontés du roi, des lettres patentes, du 27 mai 1780, en évoquant au conseil souverain d'Alsace la connaissance de toutes les contestations pour fait d'usure, interdisent à tous juges seigneuriaux d'en connaître, et font espérer aux Juifs que de pareils maux ne viendront plus les affliger.

Commerce.

» Après avoir mis un frein au crime, et en avoir assuré la vengeance et la punition, il est dans l'ordre de la justice de fixer les moyens d'en prévenir l'envie ou la nécessité. Le commerce présente une ressource; l'intérêt des Juifs, réuni à celui des Chrétiens, la sollicite en leur faveur: l'exemple de leurs frères de Nancy, de Metz, de Bordeaux et de Bayonne encourage leur espoir, et la justice bienfaisante d'un roi chéri excite leur confiance. Différentes raisons puissantes leur font espérer, qu'assimilés aux autres Juifs du royaume, le ministère ne verra pas plus d'inconvéniens à leur accorder la liberté du commerce dans la province d'Alsace que dans les autres où ils en jouissent déjà [1]. Par quel autre moyen pourraient-ils en effet subvenir soit aux charges et aux contributions auxquelles ils sont imposés envers le

[1] C'est-à-dire à Bordeaux, à Bayonne, à Metz et à Nancy. S'il faut en croire l'illustre Dohm (*Réforme politique des Juifs*), les Juifs portugais établis à Bayonne et à Bordeaux auraient souvent tâché d'empêcher que leurs frères non portugais parvinssent à jouir des mêmes priviléges qu'eux. Nouvelle et déplorable preuve de la haine que se portent entre elles les sectes d'une même religion.

roi, envers les seigneurs, envers les
communautés chrétiennes où ils de-
meurent, soit aux prestations particulières qu'ils paient entre eux pour les
établissemens de leurs écoles et autres
objets dispendieux? Ce serait sans contredit les réduire au crime que d'exiger d'eux des contributions aussi fortes
que celles qu'ils paient, sans leur laisser
les moyens d'y subvenir par des voies
licites et approuvées. Quant à leur aptitude pour le commerce, seraient-ils
donc moins utiles que leurs frères des
autres provinces? Leur sera-t il permis
de faire militer en leur faveur le bonheur qu'ils ont eu par-dessus leurs frères
d'être de quelque utilité à l'Etat tant en
paix qu'en guerre, soit pour la remonte
de la cavalerie, soit pour l'approvision-
nement des armées, soit pour l'impor-
tation des sels, objet si important aux
droits du roi dans cette province? n'a-
t-on pas vu parmi eux des *Blieu*, des
Gradis, des *frères Homberg*, des *Cerf Berr*,
et quelques autres, les uns par leurs ar-
memens, fournitures et approvision-
nemens considérables pendant les guer-

res tant sur mer que sur terre, les autres par des entreprises non moins importantes qui leur ont mérité de la faveur du souverain des lettres de naturalisation et de domicile? Aujourd'hui même, *Cerf-Berr* [1], l'un des chefs de la nation, dévoué depuis plus de trente ans au service de l'Etat, n'a-t-il pas prouvé son zèle et ses lumières pendant la dernière guerre? N'a-t-il pas, pendant les disettes de 1770 et 1771, secouru la province d'Alsace par les convois considérables de grains qu'il y a fait venir de l'étranger, où la disette se faisait également sentir? Sa Majesté a bien voulu lui témoigner sa satisfaction de sa conduite et de ses services, en lui accordant en 1775, à lui et à ses enfans, des lettres de naturalité dûment enregistrées en plusieurs cours, avec la faculté d'acquérir et de s'établir par tout le royaume.

[1] Ses petits-fils suivent aujourd'hui avec distinction la carrière des armes ou celle des lettres. L'un d'eux, M. Alph. Cerf-Berr, ancien élève de l'école polytechnique, vient de publier un *Manuel populaire* qui a obtenu, en 1828, une médaille de la société pour l'instruction élémentaire.

Plus récemment encore, après avoir été long-temps chargé du service des fourrages des troupes à cheval de Sa Majesté, tant dans cette province que dans celle de Lorraine, le ministre de la guerre lui a confié l'administration de cette importante partie dans les quatre provinces du Nord. Ne le voit-on pas réunir à tant d'avantages, que sa conduite et sa réputation lui assurent, la confiance de différens princes et de différentes puissances de l'empire? entre autres du landgrave de Hesse-Darmstadt, du duc de Deux-Ponts, des princes de Nassau, dont il est le conseiller de commerce et l'agent? Il n'est pas le seul sans doute de sa nation dont les lumières et les talens porteraient un avantage assuré dans les différentes branches de commerce auxquelles ils pourraient s'adonner. Leur parcimonie et leur frugalité reconnues leur en faciliteraient les moyens, et leurs soins comme leurs efforts pour justifier cette grâce, qui leur imposerait une éternelle reconnaissance, écarteraient tout soupçon de fraude et toute idée de cupidité ou d'agrandissement.

Liberté d'acquérir.

» Si par un travail assidu et des soins infatigables, les Juifs parviennent à s'assurer une ressource contre la misère et la vieillesse, un principe d'utilité comme de droit naturel les porte à demander qu'il leur soit permis de se procurer la propriété d'un asile et d'une retraite paisible, sans être assujétis aux troubles qu'ils éprouvent journellement dans cette province, par le *retrait de préférence* qu'exercent contre eux des Chrétiens sans droit de parenté, mais dans la vue seule de leur nuire et de les vexer, en les concussionnant ensuite pour leur en faire racheter l'objet; ils ne demandent point de priver de cette faculté ceux à qui le droit du sang l'assure; et en se renfermant strictement dans ce qui est nécessaire à l'usage journalier, comme maison et jardin, ils ne demandent que ce que la nature semble indiquer à chacun des êtres qu'elle produit.

Baptême des enfans juifs.

» La naissance et l'éducation des enfans étant dans tous les pays et dans toutes les religions l'objet des plus tendres sollicitudes du législateur, toute son attention se tourne avec une complaisance particulière sur ces premiers momens de l'existence qui souvent décident du reste de la vie. C'est d'après ces principes que les Romains avaient fixé l'âge de puberté à quatorze ans pour les mâles, parce qu'à cet âge la raison commençant à éclairer l'entendement, permettait à ceux qui l'avaient atteint de se former des idées justes de leur existence ; s'ils étaient avant l'âge de puberté incapables de tous actes civils, combien à plus forte raison étaient-ils incapables de se choisir une religion ? L'acte le plus important de la vie, le choix d'une religion différente de celle de ses pères, ne doit être que l'effet d'une réflexion sage et raisonnée, et cependant les Juifs voient avec douleur que les curés et autres ecclésiastiques zélés enlèvent leurs enfans de leurs bras dès l'âge de six, sept, huit et neuf ans ; ils emploient sans réserve caresses, présens, promesses, menaces, pour séduire une

jeunesse facile, et gagner au christianisme
des sujets dont le premier acte illégal en
lui-même, puisque l'importance en est
ignorée, est l'abjuration de la loi de leurs
pères. La puissance paternelle les ré-
clame en vain ; le zèle a séduit les esprits
et le sacrifice est achevé, avant que la
victime en connaisse l'étendue et les obligations qu'elle a contractées. Non que
les Juifs cherchent à empêcher leurs enfans d'un âge raisonnable d'embrasser
la religion chrétienne, mais la sagesse
des lois a cru devoir fixer l'âge de ce
changement ; les souverains pontifes ont
défendu non-seulement aux ecclésiastiques, mais encore aux laïcs, de soustraire
les enfans juifs pour leur donner le baptême et les instruire dans la religion chrétienne, sans le consentement écrit de
leurs parens. Clément **XIII** renouvela,
le 9 février 1764, cette constitution de
Jules **III**, du 8 juin 1551 ; et s'il est des
cas où la puissance paternelle doit être
sans force contre la volonté des enfans,
lorsqu'il s'agit du salut, il faut sans doute
que la violence ou la ruse n'y aient
aucune part : l'acte le plus essentiel ne

doit être que l'effet de la réflexion ; cette jurisprudence constante a été de nouveau consacrée par une déclaration du roi du 15 juillet 1728, en faveur des Juifs de Bordeaux, par un arrêt du parlement de Rouen, du 11 mars 1769, et un autre du conseil souverain d'Alsace, du 30 juin 1752. Toutes ces autorités se réunissent au vœu de la nature, pour laisser aux pères et aux mères l'autorité qu'elle leur donne sur leurs enfans ; les Juifs d'Alsace osent attendre des bontés du souverain, qu'il daignera fixer sa volonté à cet égard, en renouvelant ces sages dispositions, et en limitant à un âge certain, tel que douze ans, le temps où cette abjuration sera libre et permise, conformément aux lettres patentes de 1728. Trop long-temps victimes de cette idée de servitude qui semblait attachée à leur misérable existence, les Juifs d'Alsace voient enfin luire à leurs yeux l'espoir d'un avenir plus heureux, sous un roi dont la première félicité est le bonheur de ses peuples.

» L'état précaire et incertain dans lequel ils ont vécu jusqu'à ce jour nécessite enfin un réglement qui marque d'une manière constante ce qu'ils doivent se croire permis ou interdit. C'est au pied du trône qu'ils osent porter leurs vœux et leurs supplications : ils n'élèvent leur voix que pour réclamer la sanction nouvelle des lois déjà portées, mais qui, rendues à des époques diverses et éloignées, ont donné lieu à des abus dangereux ; le titre de sujets français leur est trop précieux pour n'en pas désirer le signe caractéristique, la liberté et le bonheur.

» Ils offriront avec une respectueuse reconnaissance au roi et aux seigneurs qui en ont le droit, le tribut que le souverain daignera fixer dans une forme stable et invariable, et s'ils demandent sur cet article des exemptions ou des distinctions, elles sont toutes puisées dans la nature et dans les principes de la plus saine morale : satisfaits de leur existence personnelle, le désir d'une possession solide et à l'abri des dangers d'une vie errante, devient leur premier vœu, et en se soumettant à des restrictions absolues pour leur nécessaire, ils écartent tout soupçon de cupidité ou d'un désir d'agrandissement.

» S'ils demandent la liberté de fixer leur demeure dans toutes les villes et villages de la province, et d'y faire toute sorte de commerce, leur demande prouve qu'aussi jaloux d'un bonheur pur et ir-réprochable que de détruire le préjugé qui les a trop long-temps poursuivis, ils s'efforcent autant qu'il est en eux d'en anéantir la cause. »

SYMPTÔMES AVANT-COUREURS DE L'AMÉLIORA-TION DE L'ÉTAT SOCIAL DES JUIFS DE FRANCE. — COMMISSION DU CONSEIL D'ÉTAT PRÉSIDÉE PAR M. DE MALESHERBES. — ÉMANCIPATION POLITIQUE DES JUIFS DÉCRÉTÉE EN 1790, PAR L'ASSEMBLÉE CONSTITUANTE. — DIX-NEUVIÈME SIÈCLE. — LES JUIFS DE L'EMPIRE.

Il est inutile de faire remarquer le ton de mesure et de raison qui respire dans le mémoire que nous venons de citer. La situation des Juifs d'Alsa-ce, à l'époque où ils déposèrent ainsi leurs plaintes au sein d'un monarque vertueux, surpassait tout ce que l'on peut imaginer d'intolérable. Des hom-

mes fanatiques, dont l'espèce se perpétue pour le malheur et la honte de
l'humanité, avaient visiblement formé
le projet d'opprimer et d'anéantir la
nation juive en France pour la plus
grande gloire du christianisme; ces ministres de l'intolérance parcouraient les
provinces, et principalement l'Alsace,
où les Juifs étaient en grand nombre,
éveillant le fanatisme du peuple, distri-
buant à leurs partisans des croix et des
chapelets, et les poussant au délit honteux de fabriquer de fausses quittances
de presque toutes les dettes contractées
envers les Juifs. Vers la même époque
(car de tout temps les fanatiques et les
oppresseurs ont agi avec un merveilleux
ensemble), on voyait paraître à Paris,
où s'étaient établies quelques familles
juives, un mémoire des six corps de marchands de cette capitale, réclamant
contre l'admission des Juifs parmi eux.
Mais le terme de toutes ces horreurs
était arrivé : en dépit des agens de tyrannie et de ténèbres, une grande révolution s'opérait dans les esprits, dans les
mœurs, et bientôt dans tout le corps so-

cial; la religion du monarque s'éclairait; et le Conseil d'Etat, qui n'était pas alors un épouvantail pour les amis des libertés publiques, voyait se former dans son sein, sous les auspices du roi Louis XVI, une commission présidée par Malesherbes, dans le but de soustraire les Juifs au régime odieux des lois d'exception, et composée en grande partie d'intendans qui avaient administré les provinces habitées par les Israélites. Déjà quatre ans auparavant (en 1784) le honteux impôt du péage corporel avait été aboli; d'heureuses circonstances secondaient les vues bienfaisantes du gouvernement et achevaient d'éclairer l'opinion publique; un homme qui honorait le caractère de prêtre, et qui préludait dignement à ses travaux philanthropiques, l'abbé Grégoire, remportait le prix à l'Académie de Metz, qui avait proposé pour sujet de concours: *Les moyens d'opérer la régénération des Juifs.* Toutes les calomnies répandues contre les Juifs étaient réfutées dans l'ouvrage de M. Grégoire avec cette force que donnent la conviction et l'amour des hommes; leur aptitude à cultiver avec succès les sciences et les arts, leurs droits incontestables à jouir de toutes les franchises politiques, étaient démontrés avec cette sagacité et ce talent qui ajoutent tant de prix à la raison. Le mémoire de M. Grégoire obtint autre chose qu'un succès littéraire : ce succès fut un événement politique qui en présageait de plus importans.

La commission instituée en 1788, et présidée par Malesherbes, fit appeler auprès d'elle quelques Israélites du midi et du nord de la France, distingués par leur fortune et leurs talens, et leur soumit plusieurs questions sur les moyens d'améliorer le sort des Juifs. On remarquait parmi eux MM. Furtado, de Bordeaux, Gradis, de la même ville, Cerf-Berr, de Nancy, etc. M. Furtado, qui aux lumières les plus étendues joignait toutes les vertus privées et sociales, fit, en réponse aux questions de la commission, un mémoire dans lequel il faisait connaître tout ce qui était relatif aux habitudes, aux mœurs, aux opinions, aux occupations des Israélites, et surtout aux principes de leur religion dans leurs rapports avec la vie sociale ; il démontra par des faits, et d'une manière incontestable, que les Juifs en général prenaient partout le langage, les mœurs, les habitudes du pays qu'ils habitaient, quand la législation ne les isolait pas, n'en faisait pas une nation dans la nation. Il prouva que pour en faire de bons, de laborieux et d'utiles citoyens, il n'y avait qu'à cesser d'en faire des infortunés, et qu'à les assimiler aux autres sujets dans tout ce qui tient aux droits comme aux devoirs civils et politiques.

La voix de la raison, de l'équité, était enfin entendue ; le gouvernement de Louis XVI allait rendre un édit en faveur des Juifs, quand arriva la révolution : car les Juifs n'étaient pas les seuls parias de la monarchie, et c'était la France tout entière qui présentait ses comptes à régler.

Dès que la révolution éclata, les Juifs de France (il y en avait alors, outre ceux de l'Alsace, à Bordeaux, à Bayonne, à Marseille, à Metz, à Nancy, à Lunéville, à Rouen et à Paris) réclamèrent de l'assemblée constituante la jouissance de leurs droits civils et politiques. Après une discussion très-vive, dans laquelle Mirabeau et Rabaut de Saint-Étienne parlèrent avec éloquence en faveur des Juifs, ils furent déclarés citoyens français. C'est en 1790 que cette mémorable décision fut rendue.

L'année suivante, l'assemblée nationale donna plus d'extension au décret de 1790, qui n'avait reconnu pour citoyens actifs que les Juifs naturalisés avant 1789. Elle décréta en 1791 que tout Juif qui prêterait le serment civique, et se soumettrait à tous les devoirs que la constitution imposait, serait admis au nombre des citoyens actifs. Tous les Juifs de France prêtèrent ce serment. Dès cette époque, leurs progrès dans la civilisation furent immenses. Devenus propriétaires, artisans, manufacturiers, soldats, ils se montrèrent dignes de leur patrie adoptive, et le nom de Français ne fut pas pour eux un vain titre.

Cependant ce n'était pas tout d'avoir réformé les lois, il restait des préjugés à détruire. Cette barrière que la législation avait élevée entre les sectateurs de Moïse et les autres Français, elle existait aussi dans les mœurs. Quinze ans s'étaient écoulés depuis que les Juifs avaient été reconnus citoyens, et quinze ans de progrès, de civilisation croissante, d'efforts patriotiques, n'avaient point détruit cette ligne de démarcation, fruit de lois barbares et coërcitives. Ce fut principalement dans les provinces du nord que la législation nouvelle se montrait insuffisante pour affranchir les Israélites des entraves que les hommes, à défaut des lois, continuaient de leur opposer. Il y avait à vaincre une résistance morale tout aussi funeste à leur affranchissement que les décrets les plus rigoureux. Dans ces provinces, les préjugés continuaient dans toute leur vigueur; l'on voyait même des hommes instruits, et dont les intentions étaient pures, convaincus que les dogmes religieux des Juifs élèveraient toujours entre eux et leurs concitoyens une barrière

beaucoup plus forte que celle des lois
et des réglemens qui les avaient long-
temps isolés de la nation. C'était cette
erreur qu'il importait de détruire; il
fallait démontrer que ces résultats, que
l'on se plaisait à attribuer à leur religion, étaient non-seulement étrangers,
mais encore contraires à la morale et
aux dogmes de la loi mosaïque.

Napoléon, avec ce coup d'œil d'aigle
qu'il savait apporter sur le terrain des
questions politiques, comme sur celui
des champs de bataille, vit à la fois le
mal et le remède. Par un décret du 3o
mai 18o6, il convoqua à Paris une assemblée d'Israélites français et italiens[1],
choisis parmi les plus distingués sous
le rapport des lumières, de la probité et
du patriotisme; et cette assemblée, qui
choisit pour son président M. Furtado
de Bordeaux, signala sa première séance
(26 juillet 18o6) par une déclaration
qui levait tous les doutes sur l'accord

---

[1] Il s'y joignit une députation d'Israélites de
la république batave. (Voyez pag. 223 et 224
de ce volume.)

qui existait entre la religion de Moïse et les lois civiles et politiques des peuples parmi lesquels ses sectateurs étaient répandus.

Les commissaires impériaux avaient soumis à l'assemblée douze questions sur la police intérieure des Juifs et l'obéissance qu'ils devaient aux lois de l'État. Ces questions traitaient de la polygamie, du mariage, du divorce, des rapports civils, politiques et moraux, de l'exercice des arts et métiers, et du prêt à intérêt. Avant d'y répondre, les députés déclarèrent, au nom de tous les Français du culte israélite, que leur religion leur prescrivait de reconnaître, comme autorité suprême, la volonté du souverain et celle de la loi; qu'ils devaient donc adopter les lois françaises, quelles qu'elles fussent, et que depuis la révolution ce principe les avait constamment dirigés.

Toutes les décisions des députés juifs sur les questions qui leur furent soumises furent remarquables par leur vérité rigoureuse et leur profonde sagesse. Pour ce qui concernait le prêt à inté-

rêt, les réponses de l'assemblée, puisées
dans la lettre et dans l'esprit de la religion, prouvèrent sans réplique que, bien
loin que la loi de Moïse ou la doctrine
encourageassent ou seulement toléras-
sent les moindres abus à cet égard, elles
les défendaient indistinctement envers
tous les hommes, à quelque communion
religieuse qu'ils appartinssent.

Napoléon fut satisfait de ces réponses, et voulut donner à cette explication
de la doctrine mosaïque l'appui d'une
sanction plus solennelle. Des laïcs
d'ailleurs pouvaient n'avoir considéré
que les rapports civils, et cette garantie
n'était pas suffisante ; il fallait lui donner le poids d'une sanction religieuse,
et savoir si les principes théologiques
confirmeraient la décision des premiers
juges.

Un grand Sanhédrin, ou synode de
docteurs israélites, composé de soixante-
dix membres et d'un président, comme
aux anciens jours de la nation juive,
fut convoqué à Paris, et ouvrit solennellement ses séances le 4 février 1807,

après une proclamation adressée à toutes les synagogues de l'Europe, et signée par le président et deux des principaux membres. Cette imposante réunion approuva toutes les réponses de l'assemblée des députés israélites, les appuya de la sanction religieuse, et les convertit en décisions doctrinales.

Elle rétablit le principe religieux qu'en matière civile et politique la loi de l'Etat était aux yeux de tout Israélite la loi suprême, et déclara que la loi de Moïse contenait des dispositions religieuses et des dispositions politiques ; que les dispositions religieuses étaient par leur nature absolues et indépendantes des circonstances et des temps ; qu'il n'en était pas de même des dispositions politiques, c'est-à-dire de celles qui constituaient le gouvernement, et qui étaient destinées à régir le peuple d'Israel dans la Palestine lorsqu'il avait des rois, des pontifes et des magistrats ; que ces dispositions politiques ne sauraient être applicables depuis que le peuple israélite ne forme plus un corps de nation.

Nous avons rejeté à la fin de ce volume, afin de pouvoir le donner avec ses développemens, le texte des décisions sanhédrinales, relatives aux devoirs de fraternité des Juifs avec leurs concitoyens des autres cultes, à leurs rapports moraux, civils et politiques, à l'exercice des arts et métiers et des professions utiles, aux prêts entre Israélites et non Israélites [1]. Quant à la polygamie, l'assemblée répondit que depuis le onzième siècle les Juifs avaient adopté l'usage de n'épouser qu'une seule femme, et que sous ce rapport les mœurs européennes avaient partout prévalu. Quant au divorce, les députés affirmèrent que, quoique permis par la loi de Moïse, il ne pouvait être valide, à moins d'avoir été prononcé d'abord par les lois civiles; qu'avant d'avoir été admis au rang de citoyens français, les Juifs usaient fort rarement du droit que leur accordait leur religion de répudier leurs femmes, et qu'ils ne reconnaissaient plus à cet

---

[1] Voyez l'*Appendice* à la fin du volume (lettre A).

égard d'autre autorité que celle des lois
de l'empire. A l'égard des mariages entre Juifs et Chrétiens, ils déclarèrent
que la défense de Moïse n'avait rapport
qu'aux idolâtres; et selon le Talmud,
les nations modernes ne peuvent être
regardées comme telles, puisqu'elles
adorent aussi l'Etre suprême, créateur
du ciel et de la terre. Quant aux rabbins, les députés assurèrent qu'ils n'exerçaient parmi les Juifs aucune espèce de
police judiciaire; que le titre de rabbin
n'existait point dans la loi de Moïse;
qu'il ne prit naissance qu'un peu avant
la destruction du second temple; qu'a-
près la grande dispersion, chaque communauté israélite établit, sous le nom
de *Maison de Justice,* une espèce de tribunal, composé d'un rabbin qui faisait
les fonctions de juge, et de deux docteurs
qui lui servaient de conseillers; que les
attributions et même l'existence de ces
tribunaux avaient toujours dépendu des
gouvernemens sous lesquels vivaient les
Juifs; que depuis la révolution ils étaient
entièrement supprimés dans toutes les
parties de l'empire français; qu'élevés

au rang de citoyens, les Juifs se confor-
maient à toutes les lois de l'Etat ; et que
les rabbins, privés désormais de tout
caractère et de tout pouvoir judiciaire,
bornaient leurs fonctions à prêcher la
morale dans les temples et à bénir les
mariages [1].

Le chef du gouvernement impérial
témoigna de nouveau qu'il était satisfait
de ces réponses, et chargea l'assemblée
de proposer un réglement organique du
culte mosaïque, qui fut sanctionné par
un décret impérial, du 17 mars 1808 [2].

Le même jour parut cet autre décret
qui causa une si grande joie aux persécuteurs des Juifs, et qui fut évidemment

[1] Il y aurait beaucoup à dire sur l'état actuel
du rabbinat, et sur les moyens de mettre cette
institution en harmonie avec la nouvelle position sociale des Israélites. Bornons-nous ici à remarquer que les devoirs des rabbins concernant
la prédication morale dans les temples, devoirs prescrits par le grand Sanhédrin, ne sont
pas remplis, ou le sont d'une manière fâcheuse,
à cause de l'incapacité des rabbins en général,
de leur peu de lumières, et de leur habitude de
prêcher dans un jargon barbare.

[2] Voyez l'*Appendice* (lettre B).

une concession forcée faite à leurs ennemis. Les dispositions principales de ce décret annulaient 1° tout engagement pour prêt fait par des Juifs à des mineurs, sans l'autorisation de leurs tuteurs, à des femmes, sans l'autorisation de leurs maris, à des militaires, sans l'autorisation de leurs chefs ; 2° tout billet souscrit par un non-commerçant au profit d'un Juif, à moins que le porteur ne prouvât que la valeur en avait été fournie en espèces et sans fraude. Le même décret assujétissait les Juifs français qui voudraient exercer le commerce à l'obtention d'une patente délivrée sur des certificats de probité, et les Juifs étrangers qui voudraient établir en France leur domicile, à la condition d'acquérir une propriété rurale, et de se livrer à l'agriculture.

On voit combien ce décret, qui mérite toute réprobation, parce qu'il était une violation du principe qui veut que la loi soit égale pour tous, ressemble peu cependant aux lois d'exception sous lesquelles les Juifs avaient si long-temps gémi ; à la suite de quelques articles qui plaçaient, il est vrai, hors du droit commun les citoyens français israélites, il s'en trouve d'autres destinés à agir sur leur civilisation de la manière la plus heureuse, et à influer sensiblement sur leurs progrès dans la vie sociale. Telle est la condition imposée aux Juifs étrangers, et qui en d'autres temps aurait été le plus grand des bienfaits, d'acquérir une propriété rurale et de se livrer à l'agriculture pour obtenir le droit de domicile. Le but avoué du décret était, d'achever la naturalisation morale des Juifs, de stimuler leur amour propre, et de leur offrir comme une récompense leur complète émancipation, puisque le gouvernement limitait à dix années l'exécution du décret, dans l'espoir qu'à l'expiration de ce délai *il n'y aurait plus aucune différence entre les Juifs et les autres citoyens*, et ne devait en proroger l'exécution que si cette espérance était trompée.

Un but moins apparent, et qu'on aurait pu franchement avouer et atteindre par des moyens légaux, était de détruire parmi eux l'esprit de colportage, de tra-

fic irrégulier, et de propager dans leurs
familles le goût des entreprises industrielles, des professions honorables et
des travaux agricoles. Au surplus, le décret était à peine rendu depuis un an,
qu'il en parut successivement plusieurs,
affranchissant de ses dispositions les
Juifs d'un département, puis ceux d'un
autre, de sorte que son application se
trouva bientôt réduite aux seuls Israélites de l'Alsace. Bonaparte avait besoin
de la population guerrière de cette province, où l'esprit de haine contre les Juifs
ne s'éteignait que difficilement. Il était
assailli de plaintes mensongères ou légitimes sur les excès usuraires des Juifs
alsaciens, dont la vie active et régu-
lière n'avait pu encore désarmer l'envie
et la cupidité de leurs ennemis, ou qui
peut-être (car on peut le supposer sans
que leur honneur ait à en souffrir) renfermaient encore dans leur sein quelques hommes chez qui les vices d'une
longue servitude n'avaient pu s'effacer
entièrement. De là ce décret où il sut
assez bien concilier, ce nous semble
(autant qu'on peut faire le bien par une

mesure inique et arbitraire), ce qu'il devait aux Juifs et à leurs infatigables dénonciateurs.

Le décret, organisateur du culte mosaïque, établissait une synagogue et un consistoire dans chaque département qui contenait au moins deux mille Juifs. Les synagogues devaient être établies dans les villes les plus peuplées, et placées sous la direction d'un rabbin et de deux *anciens*. Les attributions des consistoires furent de veiller aux intérêts du culte; d'empêcher les rabbins de donner, soit en particulier, soit en public, aucune instruction contraire aux décisions du grand Sanhédrin; d'encourager l'agriculture et les professions utiles. Tout Juif convaincu de s'être adonné à l'usure ne put siéger dans les consistoires. Les notables de la circonscription devaient s'assembler tous les ans pour contrôler les actes de l'administration consistoriale, et voter le budget des frais du culte. La nomination des membres du consistoire fut déférée à leurs suffrages. Un consistoire central des Israélites de France fut établi à Paris, dans le but d'entretenir des relations avec le gouvernement et avec les consistoires des différentes circonscriptions, pour tout ce qui avait rapport aux besoins et à l'exercice du culte.

LES JUIFS DEPUIS LA RESTAURATION.

Napoléon, ce fils de la liberté qui tua sa mère, comme on l'a dit ingénieusement, et qui n'en succomba pas moins sous les coups de ceux qui voulaient tuer la mère et l'enfant, compta parmi les Israélites de France peu de ces vils ennemis qui insultèrent à sa gloire tombée, et accablèrent le lion mourant de ces outrages dont il fallait laisser la honte aux hordes étrangères et à leurs chefs. S'ils virent avec joie la Charte les confirmer dans la jouissance de ces droits que leur avait accordés la révolution, ils n'applaudirent pas à la chute du grand homme qui, par la convocation du Sanhédrin, leur avait permis de réhabiliter aux yeux du monde leur foi, leurs dogmes et leur culte. Ils ne crurent pas que cette ingratitude était nécessaire pour témoigner leur reconnaissance au roi-législateur qui, éclairé par les leçons du temps et de l'expérience, proclamait à son tour l'égalité de tous les Français devant la loi, et la liberté de tous les cultes [1], dans ce pacte d'alliance qui, franchement exécuté, suffirait au bonheur de la patrie, et pourrait seul la préserver des tempêtes d'une révolution nouvelle. Ils reçurent comme un bienfait cette solennelle confirmation de leur existence politique, et confians dans la justice de leur cause, dans la sainteté de leurs droits, ils ne demandèrent même pas la révocation du décret impérial qui, pendant quatre ans encore, devait, sous le règne de la Charte constitutionnelle, les placer sous une loi d'exception. Ils attendirent patiemment le terme où cette ordonnance, suspensive de droits qu'on ne pouvait plus leur

[1] Art. 1er de la Charte : Tous les Français sont égaux devant la loi, quels que soient d'ailleurs leurs titres et leurs rangs.

Art. 5. Chacun professe sa religion avec une égale liberté, et obtient pour son culte la même protection.

contester, devait tomber aux acclamations de la France entière. Il se trouva cependant un Français, M. le marquis de Lattier (dont le nom mérite d'être conservé), qui, à l'expiration du décret, osa en demander la prorogation dans une pétition qu'il adressa aux deux chambres (février 1818). Il est des cas où, malgré le principe incontestable que toutes les opinions sont libres, le mot d'*audace* qu'a employé récemment un de nos honorables députés [1], vient naturellement se placer sur les lèvres, lorsqu'il s'agit de qualifier certaines opinions. Celle de M. le marquis de Lattier ne fut heureusement partagée ni par la Chambre des pairs, ni par celle des députés. M. le comte Lanjuinais, dans la première, M. Chauvelin, dans la seconde, où il siége encore aujourd'hui parmi les plus illustres défenseurs de nos libertés, repoussèrent éloquemment la pétition de M. le marquis, propriétaire (chose curieuse !) dans un département où il n'existe par un seul Juif, celui de la Drôme. La Chambre des pairs passa

[1] M. Viennet.

à l'ordre du jour sur cette inconcevable pétition. La chambre des députés ne l'accueillit pas avec plus de faveur, mais la renvoya cependant au ministre de l'intérieur pour l'examen de prétendus faits qui s'y trouvaient consignés, au dire du rapporteur. Il fut constaté que la pétition ne renfermait pas *un seul fait,* mais seulement ces vagues dénonciations, si familières à l'ignorance, à la mauvaise foi et aux préjugés.

La pétition de M. de Lattier fut la dernière tentative publique et directe qui ait été faite en France contre les droits des Israélites, car nous ne parlons pas des sourdes menées, de l'influence active et pernicieuse par laquelle le parti-prêtre a constamment menacé leur existence politique, a encouragé parmi eux l'apostasie et les défections honteuses, et les a exclus jusqu'à ce jour des emplois publics et notamment des fonctions universitaires, à l'exercice desquelles plusieurs ont acquis des droits par l'éclat et la solidité de leurs études, et où il serait si important de les voir arriver, pour que l'égalité des cultes ne fût pas une fiction. Mais si jusqu'ici la Charte n'a pas été interprétée pour eux dans le sens le plus favorable à leur liberté et à la jouissance de tous leurs droits, c'est un malheur qu'ils ont partagé avec tous les Français. Il est inutile de dire de quels cris de joie ils ont salué la chute du ministère *déplorable* : cette joie a été purement nationale, ils n'ont vu que la France délivrée d'une insolente oppression, et nullement le nouvel avenir qu'ouvrirait à leurs espérances une interprétation franche et sincère de la Charte. Car il faut le dire à la louange des Israélites de France, tous (à un petit nombre d'exceptions près, qu'il faudrait chercher parmi quelques enrichis qui doivent leur fortune à une source impure), tous professent les opinions constitutionnelles. Beaucoup ont arrosé de leur sang le sol de la patrie, et ont défendu pied à pied le territoire national. Tous sont Français de cœur et d'esprit. Ceux qui exercent les droits électoraux en ont usé en toute occasion, et surtout aux dernières élections qui viennent de purifier la représentation nationale, dans le sens le plus étendu de la liberté et du patriotisme ; et l'on peut assurer que si l'un d'eux était appelé à la législature (honneur auquel plusieurs ont des droits, dans les départemens, par leur fortune et la considération dont ils jouissent), il se rangerait parmi les défenseurs de nos libertés, et viendrait s'asseoir sur ces bancs où les Benjamin-Constant, les Gautier, et autres protestans, défendent si éloquemment la cause de leurs commettans de tous les cultes.

Parmi les Israélites de France qui se distinguent par leurs progrès constans et soutenus dans la route nouvelle que la révolution leur a ouverte, il faut citer au premier rang les Israélites de Metz. « Comme il y a des fermes-modèles pour l'amélioration de l'agriculture, me disait un jour un homme d'esprit, on peut dire aussi que la ville de Metz renferme dans son enceinte une juiverie-modèle. » Cet éloge n'est pas exagéré. On ne voit à Metz aucun Israélite mendiant, et presque aucun Juif exerçant le brocantage : ils se distinguent dans toutes les professions utiles; on compte parmi eux beaucoup de manufacturiers estimables, d'artisans laborieux et habiles. Des médecins, des avocats Israélites jouissent de l'estime publique et de la confiance de leurs concitoyens de tous les cultes. Plusieurs cultivent les lettres avec succès. Nous citerons parmi eux M. Oulif, avocat; M. Charles Bing, avoué; M. Turckheim, médecin; MM. Anspach, traducteur des prières hébraïques en français; Gerson-Levy, Lambert, Prosper Wittersheim, etc. Une société des *Amis du travail*, composée de deux cent cinquante membres-souscripteurs [1], a déjà produit les résultats les plus heureux pour le présent, et offre une excellente garantie pour l'avenir. L'entretien de l'école israélite où la méthode d'enseignement mutuel est en vigueur, et d'où sortent chaque année des élèves instruits; les frais de nourriture, d'habillement et d'apprentissage des enfans pauvres, que la société pourvoit

[1] Cette société est composée d'Israélites de Metz et des autres villes de France. La contribution annuelle est de douze francs.

d'un métier, tels sont les bienfaits de cette association charitable et éclairée. Des instituteurs recommandables travaillent sans cesse à l'éducation morale, religieuse et scientifique de leurs élèves. Un comité chargé de l'inspection des apprentis s'occupe sans relâche de tout ce qui peut contribuer à leur bien-être et à leurs progrès. On doit un tribut de reconnaissance à ces philanthropes actifs et désintéressés, par qui chaque année des enfans, qui deviendront d'utiles citoyens, se voient arrachés à la fainéantise ou à l'activité plus pernicieuse peut-être de ce brocantage, de ce trafic illicite qui fait les mauvaises mœurs et inspire le goût du vagabondage.

Une société du même genre et qui porte le même titre, a été établie à Paris. Elle est sous la présidence d'un Israélite éclairé, M. J. Lazard, et déjà ses résultats sont immenses. Le consistoire central des Israélites de France a pour président M. Worms de Romilly [1], et

[1] Les journaux ont cité dernièrement un honorable trait de bienfaisance de M. Worms de Romilly, homme distingué par sa fortune et par

pour membres des banquiers ou des commerçans. La composition du consistoire de la circonscription de Paris est préférable en ce que l'argent seul n'y est pas représenté. Outre deux manufacturiers estimables (MM. Hesse et Javal jeune), on y trouve un médecin, M. le docteur Cahen, qui vient d'être nommé récemment par les notables de la circonscription, en remplacement de M. Baruch Weil, qui fonda l'une de nos plus belles manufactures de porcelaine, et que tous ses coreligionnaires ont regretté [1]. Deux écoles israélites, l'une

l'éducation brillante qu'il a donnée à ses enfans.

[1] Un fait qui s'est passé aux obsèques de cet homme estimable, et dont nous garantissons la certitude, mérite d'être rapporté ici, parce qu'il prouve que les rabbins sont en arrière du mouvement général, et que les consistoires, *dont ils dépendent*, ne cherchent point à exercer sur eux cette influence salutaire et réformatrice dont le grand Sanhédrin leur a recommandé l'usage. M. Baruch Weil étant membre de la Légion-d'Honneur (distinction qu'il n'avait point due à l'intrigue, mais à ses honorables travaux industriels), un détache-

pour les garçons, l'autre pour les filles, sont dans l'état le plus florissant. On y pratique la méthode d'enseignement mutuel, dont personne ne conteste plus les avantages. Un professeur instruit et éclairé, dont le zèle est digne des plus grands éloges [1], dirige celle des garçons. Les deux écoles sont sous la surveillance de deux comités d'administration. M. le docteur Cahen préside l'un de ces comités ; le second a pour présidente une dame de l'esprit le plus distingué et de l'instruction la plus solide, madame Nancy Rodrigue.

Parmi les Israélites de Paris recommandables par leurs talens et leurs lumières, nous citerons MM. Terquem, ancien

ment d'infanterie se présenta à son enterrement pour accompagner sa dépouille mortelle, et lui rendre les honneurs dus aux membres de cet ordre. Mais le rabbin s'y opposa, se fondant sur ce que dans la Bible Moïse n'avait rien statué sur les chevaliers de la Légion-d'Honneur, et force fut au détachement de se retirer. L'esprit du clergé est partout le même.

[1] Ce professeur est M. S. Cahen ; il est secondé par un adjoint, M. Hirsch, aussi dévoué que lui aux progrès et à l'instruction des enfans.

professeur de mathématiques transcendantes au lycée de Mayence ; Salvador, auteur de *la Loi de Moïse*, ouvrage qu'il a refondu et développé sous un nouveau titre [1], et qui fait honneur à son érudition et à son esprit ; Rodrigue père ; Olinde Rodrigue, connu par des travaux très-distingués d'économie politique ; Sarchi, docteur en droit, auteur d'une excellente *Grammaire hébraïque* ; Alphonse Cerf-Berr, dont nous avons déjà cité le nom ; Emm. Worms de Romilly, qui a traduit en prose avec succès les œuvres lyriques d'Horace ; Maas, ancien élève de l'école normale ; Michel Berr, si connu par son zèle infatigable et par ses efforts souvent heureux pour défendre la cause de ses coreligionnaires. Nous citerons encore M. Bédarid, de Toulouse, et à Nîmes, dans cette antique cité de l'intolérance et du fanatisme, M. A. Crémieu, qui s'est placé, par des plaidoyers pleins d'éloquence, parmi les meilleurs avocats

[1] *Histoire des institutions de Moïse et du peuple hébreu* (3 vol. in-8°, 1828).

de notre jeune barreau. Nous pourrions ajouter à ces noms ceux de beaucoup d'artistes distingués et même célèbres.

Les Israélites de France ont beaucoup fait déjà pour leur complète régénération; il leur reste encore beaucoup à faire. Français de patrie et d'institutions, il faut que tous le deviennent aussi de mœurs et de langage. Il faut, en un mot, que pour eux le nom de Juif devienne l'accessoire, et le nom de Français le principal. Ils pourront alors avec bien plus de raison se plaindre de la partialité des journalistes qui, dans les rares occasions où un Israélite comparaît devant la justice pour un délit correctionnel, ne manquent pas, avec une sorte de malveillance peu compatible avec les opinions libérales, d'ajouter à son nom le titre de Juif, comme s'ils accolaient la qualité de catholiques romains ou de protestans aux noms des nombreux criminels, professant ces deux cultes, qui chaque jour comparaissent devant la cour d'assises et les tribunaux de toute juridiction. C'est une chose à remarquer qu'il n'y a pas d'exemple d'un Juif condamné à mort depuis trente ans, en France, pour assassinat, ou quelqu'un de ces crimes qui font frémir la nature et qui épouvantent la société. Il n'y a parmi eux ni Contrafatto, ni Molitor, ni Léger, ni Papavoine. Ils n'ont ni empoisonneurs, ni parricides. Le temps approche, nous en sommes certains, où l'absurde préjugé qui a si long-temps établi une ligne de démarcation entre les Israélites et les hommes des autres communions, doit entièrement disparaître, ou ne subsistera plus que dans l'esprit de quelques hommes qui ne sont ni de leur pays, ni de leur temps. Une grande mesure, et que nous ne cesserons de réclamer, parce que, excellente en elle-même, elle amènerait nécessairement d'importantes modifications dans le culte, trop asiatique pour les nations européennes, et que nous la regardons comme la plus propre à opérer la fusion complète et définitive des sectateurs de Moïse et des autres Français, ce serait la substitution dans les prières et les prédications des temples, de la langue na-

tionale à l'idiome hébraïque que très-
peu de Juifs seulement entendent encore, et qu'il serait à souhaiter peut-être
que personne n'entendît plus, à l'exception des orientalistes et des savans. La
forme asiatique du culte éloigne des
temples la plupart des Israélites qui ont
reçu une éducation française, tandis
qu'elle perpétue chez les autres les vaines
traditions de la Terre-Sainte. La prière
est agréable à Dieu sous toutes les formes, pourvu qu'elle sorte d'un cœur tolérant et ami des hommes ; et si une
langue pouvait disputer aux autres
l'avantage de s'élever au ciel, ce serait peut-être la langue des Fénelon,
des Voltaire, des Jean-Jacques Rous-
seau, des Montesquieu, de tous ces
bienfaisans génies qui ont éclairé le
monde, et exercé, pour le bonheur de
l'humanité, l'empire souverain de la
pensée.

CONCLUSION.

Les Juifs sont partout, dans l'ancien
et dans le nouveau monde. Il y en a à
la Jamaïque, à la Nouvelle-Angleterre,

dans l'Amérique de Washington comme dans celle de Bolivar, et jusque dans les terres Australes [1]. Quand il ne serait point remarquable à tant d'autres titres, ce peuple le serait au moins par son universalité, et par l'esprit d'avenir qui préside à sa destinée. Nous ne pensons pas que les Juifs soient destinés à habiter encore comme nation cette antique terre de Jérusalem, après laquelle soupirent leurs dévots et leurs bonnes femmes ; mais nous croyons qu'il peut s'établir un jour parmi les hommes de toute nation une telle harmonie de morale et de doctrine, d'institutions politiques et religieuses, que ce peuple, qui est partout, pourra se croire dans une com-

[1] On compte quatre à cinq millions d'Israélites, répandus sur toute la surface du monde connu. On a fait souvent leur dénombrement, mais toujours avec une grande inexactitude dans les détails. On en trouve près de deux millions en Asie et en Afrique. Le reste est en Europe. On en compte environ soixante mille en France, vingt mille en Angleterre, cent mille en Hollande, quarante mille en Italie. L'Amérique en contient six mille, presque tous aux Etats-Unis.

mune patrie. Il y a bien loin, je le sais, des misérables querelles qui ont ressuscité parmi nous les fantômes de Loyola et de Jansénius, à cet avenir d'une réforme universelle ; mais quand la voix de quelques hommes ignorés vint proclamer le christianisme, cette réforme sitôt viciée de la religion juive, l'univers entier était païen ; le paganisme assistait en riant aux querelles de ses rhéteurs, de ses sophistes, de ses philosophes à systèmes, quand de pauvres pêcheurs vinrent proclamer une foi nouvelle, et la face du monde fut changée.

APPENDICE.

A

Extrait des décisions rendues par le grand Sanhédrin de Paris, en 1807.

Fraternité. — Le grand Sanhédrin ayant considéré que l'opinion des nations parmi lesquelles les Israélites ont fixé leur résidence depuis plusieurs générations, les laissait dans le doute sur les sentimens de fraternité et de sociabilité qui les animent à leur égard, de telle sorte que ni en France, ni dans le royaume d'Italie l'on ne paraissait point fixé sur la question de savoir si les Israélites de ces deux États regardaient leurs concitoyens chrétiens comme frères, ou seulement comme étrangers; — Afin de dissiper tous les doutes à ce sujet, le grand Sanhédrin déclare, — Qu'en vertu de la loi donnée par Moïse aux enfans d'Israël, ceux-ci sont obligés de regarder comme leurs frères les individus des nations qui reconnaissent Dieu créateur du ciel et de la terre, et parmi lesquelles ils jouissent des avantages de la société civile, ou seulement d'une bienveillante hospitalité; que la sainte Écriture nous ordonne d'aimer notre semblable comme nous-mêmes, et que reconnaissant comme conforme à la volonté de Dieu, qui est la justice même, de ne faire à autrui que ce que nous voudrions qu'il nous fût fait, il serait contraire à ces maximes sacrées de ne point regarder nos concitoyens français et italiens comme nos frères ; — Que d'après cette doctrine universellement reçue, et par les docteurs qui ont le plus d'autorité dans Israel, et par tout Israélite qui n'ignore point sa religion, il est du devoir de tous d'aider, de protéger, d'aimer leurs concitoyens, et de les traiter sous tous les rapports civils et moraux, à l'égal de leurs coreligionnaires ; — Que puisque la religion mosaïque ordonne aux Israélites d'accueillir avec tant de charité et d'égards les étrangers qui allaient résider dans leurs villes, à plus forte raison leur commande-t-elle les mêmes sentimens envers les individus des nations qui les ont recueillis dans leur sein, qui les protégent par leurs lois, les défendent par leurs armes, leur permettent d'adorer l'Eternel selon leur culte, et les admettent, comme en France et dans le royaume d'Italie, à la participation de tous les droits civils et politiques ; — D'après ces diverses considérations, le grand Sanhédrin ordonne à tout Israélite de l'empire français et du royaume d'Italie, et des autres lieux, de vivre avec les sujets de chacun des Etats dans lesquels ils habitent comme avec leurs concitoyens et leurs frères, puisqu'ils reconnaissent Dieu créa-

teur du ciel et de la terre , parce qu'ainsi le veut
la lettre et l'esprit de notre sainte loi.

Rapports moraux. —Le grand Sanhédrin voulant déterminer quels sont les rapports que la loi
de Moïse prescrit aux Hébreux envers les individus des nations parmi lesquelles ils habitent, et
qui, professant une autre religion, reconnaissent
Dieu créateur du ciel et de la terre ; — Déclare
que tout individu professant la religion de Moïse,
qui ne pratique point la justice et la charité envers tous les hommes adorant l'Eternel indépendamment de leur croyance particulière, péche
notoirement contre sa loi; — Qu'à l'égard de la
justice, tout ce que prohibe l'Ecriture sainte,
comme lui étant contraire, est absolu et sans acception de personne ; — Que le Décalogue et les
livres sacrés qui renferment les commandemens
de Dieu à cet égard, n'établissent aucune relation
particulière, et n'indiquent ni qualité, ni condition, ni religion, auxquelles ils s'appliquent exclusivement; en sorte qu'ils sont communs aux
rapports des Hébreux avec tous les hommes en
général, et que tout Israélite qui les enfreint envers qui que ce soit, est également criminel et ré-
préhensible aux yeux du Seigneur; — Que cette
doctrine est aussi enseignée par les docteurs de la
loi, qui ne cessent de prêcher l'amour du Créateur et de sa créature (*Traité d'Abbot*, chap. 6,
fol. 6), et qui déclarent formellement que les
récompenses de la vie éternelle sont réservées

aux hommes vertueux de toutes les nations;
que l'on trouve dans les prophètes des preuves
multipliées qui établissent qu'Israel n'est pas l'ennemi de ceux qui professent une autre religion
que la sienne; qu'à l'égard de la charité, Moïse,
comme il a déjà été rapporté, la prescrit au nom
de Dieu comme une obligation : *Aime ton prochain comme toi-même, car je suis le Seigneur....
L'étranger qui habite dans votre sein, sera comme
celui qui est né parmi vous : vous l'aimerez
comme vous-mêmes, car vous avez été aussi étrangers en Egypte. Je suis l'Eternel votre Dieu.* (Lé-
vit. chap. 19, v. 34.) David dit : *La miséricorde de
Dieu s'étend sur toutes ses œuvres.* (Ps. 145, v. 9.)
Qu'exige de vous le Seigneur (dit Miché)? *Rien
de plus que d'être juste, et d'exercer la charité·*
(Chap. 6, v. 8.) *Nos docteurs déclarent que
l'homme compatissant aux maux de son semblable, est à nos yeux comme s'il était issu du
sang d'Abraham* (Hirubin, chap. 7); — Que
tout Israélite est obligé envers ceux qui observent les préceptes des Noachites [1], quelle que soit
d'ailleurs leur religion, de les aimer comme ses
frères, de visiter leurs malades, d'enterrer leurs
morts, d'assister leurs pauvres comme ceux d'Is-

[1] Ces préceptes sont de s'abstenir de l'idolâtrie, du
blasphème, de l'adultère, de ne tuer, voler, ni tromper
son prochain, de ne point manger la chair des animaux
vivans, enfin d'observer envers tous les règles de la justice.

rael; et qu'il n'y a point d'acte de charité ni d'œuvre de miséricorde dont il puisse se dispenser envers eux; — D'après ces motifs, puisés dans la lettre et l'esprit de l'Ecriture sainte, le grand Sanhédrin prescrit à tous les Israélites comme devoirs essentiellement religieux et inhérens à leur croyance, la pratique habituelle et constante, envers tous les hommes reconnaissant Dieu créateur du ciel et de la terre, quelque religion qu'ils professent, des actes de justice et de charité dont les livres saints leur prescrivent l'accomplissement.

Rapports civils et politiques. — Le grand Sanhédrin, pénétré de l'utilité qui doit résulter pour les Israélites d'une déclaration authentique qui fixe et détermine leurs obligations comme membres de l'État auquel ils appartiennent, et voulant que nul n'ignore quels sont à cet égard les principes que les docteurs de la loi et les notables d'Israel professent et prescrivent à leurs coreligionnaires dans les pays où ils ne sont point exclus de tous les avantages de la société civile, spécialement en France et dans le royaume d'Italie; — Déclare qu'il est de devoir religieux pour tout Israélite né et élevé dans un État, ou qui en devient citoyen par résidence ou autrement, conformément aux lois qui en déterminent les conditions, de regarder ledit État comme sa patrie; que ces devoirs, qui dérivent de la nature des choses, qui sont conformes à la destination des hommes en société, s'accordent, par cela même, avec la parole de Dieu.——Daniel dit à Darius, *qu'il n'a été sauvé de la fureur des lions, que pour avoir été également fidèle à son Dieu et à son roi.* (Chap. 6, v. 23.)——Jérémie commande à tous les Hébreux de regarder Babylone comme leur patrie : *Concourez de tout votre pouvoir,* dit-il, *à son bonheur.* (Jér. chap. 5.) On lit dans le même livre le serment que fit prêter Guedalya aux Israélites : *Ne craignez point,* leur dit-il, *de servir les Chaldéens ; demeurez dans le pays ; soyez fidèles au roi de Babylone, et vous vivrez heureusement.* (Ibid. chap. 11, v. 9.) *Crains Dieu et ton souverain,* a dit Salomon. (*Prov.* chap. 24, v. 21.) ——Qu'ainsi tout prescrit à l'Israélite d'avoir pour son prince et ses lois le respect, l'attachement et la fidélité dont tous ses sujets lui doivent le tribut ; —— Que tout l'oblige à ne point isoler son intérêt de l'intérêt public, ni sa destinée non plus que celle de sa famille, de la destinée de la grande famille de l'État ; qu'il doit s'affliger de ses revers, s'applaudir de ses triomphes, et concourir, par toutes ses facultés, au bonheur de ses concitoyens ; —— En conséquence, le grand Sanhédrin statue que tout Israélite né et élevé en France et dans le royaume d'Italie, et traité par les lois des deux États comme citoyen, est obligé religieusement de les regarder comme sa patrie, de les servir, de les défendre, d'obéir aux lois, et de se conformer, dans toutes ses transactions, aux dispositions du

Code civil ; — Déclare en outre, le grand Sanhédrin, que tout Israélite appelé au service militaire, est dispensé par la loi, pendant la durée de ce service, de toutes les observances religieuses qui ne peuvent se concilier avec lui.

Professions utiles. — Le grand Sanhédrin voulant éclairer les Israélites, et en particulier ceux de France et du royaume d'Italie, sur la nécessité où ils sont, et les avantages qui résulteront pour eux de s'adonner à l'agriculture, de posséder des propriétés foncières, d'exercer les arts et métiers, de cultiver les sciences qui permettent d'embrasser des professions libérales', et considérant que si, depuis long-temps, les Israélites des deux États se sont vus dans la nécessité de renoncer en partie aux travaux mécaniques, et principalement à la culture des terres, qui avait été, dans l'ancien temps, leur occupation favorite, il ne faut attribuer ce funeste abandon qu'aux vicissitudes de leur état, à l'incertitude où ils avaient été, soit à l'égard de leur sûreté personnelle, soit à l'égard de leurs propriétés, ainsi qu'aux obstacles de tout genre que les réglemens et les lois des nations opposaient au libre développement de leur industrie et de leur activité ; — Que cet abandon n'est aucunement le résultat des principes de leur religion, ni des interprétations qu'en ont pu donner leurs docteurs, tant anciens que modernes, mais bien un effet malheureux des habitudes que la privation du libre exercice de

10..

leurs facultés industrielles leur avait fait contracter; — Qu'il résulte, au contraire, de la lettre et de l'esprit de la législation mosaïque, que les travaux corporels étaient en honneur parmi les enfans d'Israel, et qu'il n'est aucun art mécanique qui leur soit nominativement interdit, puisque la sainte Ecriture leur commande de s'y livrer; — Que cette vérité est démontrée par l'ensemble des lois de Moïse et de plusieurs textes particuliers, tels entre autres que ceux-ci : — *Psaume* 127 : Lorsque tu jouiras du labeur de tes mains, tu seras bienheureux, et tu auras l'abondance; — *Prov.* chap. 28 et 29 : Celui qui laboure ses terres, aura l'abondance; mais celui qui vit dans l'oisiveté, est dans la disette; — *Ibid.* chap. 24 et 27 : Laboure diligemment ton champ, et tu pourras après édifier ton manoir; — *Misna*, traité d'*Abbot*, chap. 1 : Aime le travail, et fuis la paresse; — Qu'il suit évidemment de ces textes, non-seulement qu'il n'est point de métiers honnêtes interdits aux Israélites, mais que la religion attache du mérite à leur exercice, et qu'il est agréable aux yeux du Très-Haut que chacun s'y livre, et en fasse, autant qu'il dépend de lui, l'objet de ses occupations; — Que cette doctrine est confirmée par le Talmud, qui, regardant l'oisiveté comme la source des vices, déclare positivement que le père qui n'enseigne pas une profession à son enfant, l'élève pour la vie des brigands (*V.* Kiduschim, chap 1) : — En conséquence, le grand

Sanhédrin, en vertu des pouvoirs dont il est revêtu; — Ordonne à tous les Israélites, et en particulier à ceux de France et du royaume d'Italie, qui jouissent maintenant des droits civils et politiques, de rechercher et d'adopter les moyens les plus propres à inspirer à la jeunesse l'amour du travail, et à la diriger vers l'amour des arts et métiers ainsi que des professions libérales, attendu que ce louable exercice est conforme à notre sainte religion, favorable aux bonnes mœurs, essentiellement utile à la patrie, qui ne saurait voir dans des hommes désœuvrés et sans état que de dangereux citoyens; — Invite en outre, le grand Sanhédrin, les Israélites des deux États de France et d'Italie à acquérir des propriétés foncières, comme un moyen de s'attacher davantage à leur patrie, à renoncer à des occupations qui rendent les hommes odieux ou méprisables aux yeux de leurs concitoyens, et à faire tout ce qui dépendra d'eux pour acquérir leur estime et leur bienveillance.

Prêts entre Israélites. — Le grand Sanhédrin, pénétré des inconvéniens attachés aux interprétations erronées qui ont été données au verset 19 du chap. 23 du Deutéronome et autres de l'Écriture sainte sur le même sujet, et voulant dissiper les doutes que ces interprétations ont fait naître et n'ont que trop accrédités sur la pureté de notre morale religieuse relativement au prêt; — Déclare que le mot hébreu *nechech*, que l'on a traduit par celui d'*usure*, a été mal interprété; qu'il n'exprime dans la langue hébraïque qu'un intérêt quelconque, et non un intérêt usuraire; que nous ne pouvons entendre par l'expression française d'*usure* qu'un intérêt au-dessus de l'intérêt légal là où la loi a fixé un taux à ce dernier; que de cela seul que la loi de Moïse n'a point fixé ce taux, l'on ne peut pas dire que le mot hébreu *nechech* signifie un intérêt illégitime; qu'ainsi, pour qu'il y eût lieu de croire que ce mot eût la même acception que celui d'*usure*, il faudrait qu'il en existât un autre qui signifiât intérêt légal; que ce mot n'existant pas, il suit nécessairement que l'expression hébraïque *nechech* ne peut point signifier *usure*; — Que le but de la loi divine, en défendant à un Hébreu le prêt à intérêt envers un autre Hébreu, était de resserrer entre eux les liens de la fraternité, de leur prescrire une bienveillance réciproque, et de s'engager à s'aider les uns les autres avec désintéressement; — Qu'ainsi il ne faut considérer la défense du législateur divin que comme un précepte de bienfaisance et de charité fraternelle; — Que la loi divine et ses interprètes ont permis ou défendu l'intérêt, selon les divers usages que l'on fait de l'argent : est-ce pour soutenir une famille? l'intérêt est défendu; est-ce pour entreprendre une spéculation de commerce qui fait courir un risque aux capitaux du prêteur? l'intérêt est permis, lorsqu'il est légal, et qu'on peut le regarder

comme un juste dédommagement. *Prête au pauvre*, dit Moïse ; ici le tribut de la reconnaissance,
l'idée d'être agréable aux yeux de l'Eternel, est
le seul intérêt ; le salaire du service rendu est
dans la satisfaction que donne la confiance d'une
bonne action : qu'il n'en est pas de même de celui qui emploie des capitaux dans l'exploitation
de son commerce ; là, il est permis au prêteur de
s'associer au profit de l'emprunteur ; — En conséquence, le grand Sanhédrin déclare, statue et
ordonne, comme devoir religieux, à tous Israélites, et particulièrement à ceux de France et du
royaume d'Italie, de n'exiger aucun intérêt de
leurs coreligionnaires, toutes les fois qu'il s'agira
d'aider le père de famille dans le besoin, par un
prêt officieux ; — Statue, en outre, que le profit
légitime du prêt entre coreligionnaires n'est religieusement permis que dans le cas de spéculations
commerciales qui font courir un risque au prêteur, ou en cas de lucre cessant, selon le taux
fixé par la loi de l'Etat.

Prêts entre Israélites et non Israélites. — Le
grand Sanhédrin voulant dissiper l'erreur qui attribue aux Israélites la faculté de faire l'usure
avec ceux qui ne sont pas de leur religion, comme leur étant laissée par cette religion même et
confirmée par leurs docteurs talmudistes ; — Considérant que cette imputation a été, dans différens
temps et dans différens pays, l'une des causes des
préventions qui se sont élevées contre eux ; et

..10

voulant faire cesser dorénavant tout faux jugement à cet égard, en fixant le sens du texte sacré sur cette matière ; — Déclare que le texte qui autorise le prêt à intérêt avec l'étranger, ne peut et ne doit s'entendre que des nations étrangères avec lesquelles on faisait le commerce, et qui prêtaient elles-mêmes aux Israélites : cette faculté étant basée sur un principe naturel de réciprocité ; — Que le mot *nochri* ne s'applique qu'aux individus des nations étrangères, et non à des concitoyens que nous regardons comme nos frères ; — Que même, à l'égard des nations étrangères, l'Écriture sainte, en permettant de prendre d'elles un intérêt, n'entend point parler d'un profit excessif et ruineux pour celui qui le paie, puisqu'elle nous déclare ailleurs que toute iniquité est abominable aux yeux du Seigneur : — En conséquence de ces principes, le grand Sanhédrin, en vertu du pouvoir dont il est revêtu, et afin qu'aucun Hébreu ne puisse à l'avenir alléguer l'ignorance de ses devoirs religieux en matière de prêt à intérêt envers ses compatriotes, sans distinction de religion ; — Déclare à tous Israélites, et particulièrement à ceux de France et du royaume d'Italie, que les dispositions prescrites par la décision précédente sur le prêt officieux ou à intérêt d'Hébreu à Hébreu, ainsi que les principes et les préceptes rappelés par le texte de l'Écriture sainte sur cette matière, s'étendent tant à nos compatriotes, sans distinction

de religion, qu'à nos coreligionnaires; — Ordonne à tous, comme précepte religieux, et en
particulier à ceux de France et du royaume d'Italie, de ne faire aucune distinction à l'avenir en
matière de prêt, entre concitoyens et coreligionnaires, le tout conformément au statut précédent; — Déclare en outre que quiconque transp-
gressera la présente ordonnance, viole un devoir
religieux, et pèche notoirement contre la loi de
Dieu; — Déclare enfin que toute *usure* est indistinctement défendue, non-seulement d'Hébreu à
Hébreu, et d'Hébreu à concitoyen d'une autre
religion, mais encore avec les étrangers de toutes
les nations, regardant cette pratique comme une
iniquité abominable aux yeux du Seigneur; —
Ordonne également, le grand Sanhédrin, à tous les
rabbins, dans leurs prédications et leurs instruc-
tions, de ne rien négliger auprès de leurs coreligionnaires pour accréditer dans leur esprit les
maximes contenues dans la présente décision.

B

*Organisation du culte mosaïque en France par
décret impérial du 17 mars 1808, sur la proposition du Sanhédrin.*

Ce décret établissait en France douze circonscriptions israélites : 1° la circonscription de Bordeaux, composée de dix départemens : la Gi-

ronde, l'Aude, la Charente, la Charente - Inférieure, la Dordogne, la Haute - Garonne, les Landes, le Puy-de-Dôme, les Basses - Pyrénées, la Haute-Vienne; 2° la circonscription de Marseille, composée de huit départemens : les Bouches-du-Rhône, le Gard, l'Hérault, le Rhône, le Var, Vaucluse, l'Isère, les Alpes - Maritimes; 3° la circonscription de Turin et Casal (Italie), composée de sept départemens : Pô, Stura, Marengo, Doire, Gênes, Montenotte, Sésia; 4° la circonscription de Paris, composée de seize départemens : Seine, Ille-et-Vilaine, Allier, Finistère, Loire - Inférieure, Loir-et-Cher, Loiret, Marne, Nord, Pas-de-Calais, Seine - Inférieure, Seine-et-Marne, Somme, Yonne, Côte-d'Or; 5° la circonscription de Metz, composée de deux départemens : la Moselle et les Ardennes; 6° la circonscription de Nanci, composée de cinq départemens : la Meurthe, la Haute-Marne, la Meuse, les Vosges, le Doubs; 7° la circonscription de Trèves, composée de trois départemens : la Sarre, les Forêts, Sambre-et-Meuse; 8° la circonscription de Mayence, composée d'un département : le Mont - Tonnerre; 9° la circonscription de Coblentz, composée d'un département : Rhin-et-Moselle; 10° la circonscription de Créveld, composée de huit départemens : Roër, Dyle, Escaut, Jemmapes, Lis, Meuse-Inférieure, Deux-Nèthes, Ourthe (ces quatre dernières circonscriptions composées de provinces allemandes et belges);

11° la circonscription de Strasbourg, composée d'un département : le Bas - Rhin ; 12° la circonscription de Wintzenheim (France et Suisse), composée de trois départemens : le Haut-Rhin, le Léman et la Haute-Saône.

Dans ces douze circonscriptions, où le nombre des Israélites s'élevait à moins de 90,000 individus de tout âge et de tout sexe, on comptait en 1810, dans une population juive où ne se trouvaient vingt ans auparavant ni un seul propriétaire, ni un seul artisan, ni un seul artiste, 1232 propriétaires, 797 militaires, 2,360 enfans voués aux travaux utiles, aux arts, aux sciences, fréquentant les écoles publiques ou les ateliers de tout genre, et 250 fabricans.

Voilà les bienfaits qu'avaient produits vingt ans de liberté.

La division des circonscriptions israélites est aujourd'hui la même que sous l'empire ; mais le nombre en est réduit à sept, par la séparation des provinces qui avaient été réunies à la France.

Les circonscriptions actuelles sont celles de Bordeaux, de Marseille, de Paris, de Metz, de Nanci, du Bas-Rhin et du Haut-Rhin.

Je dois de précieux renseignemens à un rapport sur l'état et les progrès des Israélites de France, qui fut présenté, trois ans après la convocation du Sanhédrin, au gouvernement impérial, par le consistoire du département de la Seine, et que M.·J. Lazard, ancien membre de ce consistoire, où il a laissé les plus honorables souvenirs, a eu l'obligeance de me communiquer.

TABLE.

CINQUIÈME ÉPOQUE.

10...

FIN DE LA TABLE.

RÉSUMÉS DÉJA PUBLIÉS.

(CHACUN PEUT S'ACHETER SÉPARÉMENT.)

---

	fr.	c.
Résumé de l'Histoire de France, par Félix Bodin; 7e. édition. Prix	2	50
— Angleterre, par le même; 4e. édit.	2	»
— Espagne, par Alp. Rabbe; 3e. édit.	3	50
— Portugal, par le même; 2e. édit.	3	»
— Empire germanique, par A. Scheffer; 2e. édit.	2	»
— Hollande, par le même; 2e. édit.	2	»
— États-Unis, par Barbaroux; 2e. édit.	2	50
— Pologne, par Léon Thiessé; 2e. édit.	2	50
— Chine, par de Senancour; 2e. édit.	2	50
— Croisades, par St.-Maurice; 2e. édit.	2	50
— Danemarck, par P. Lami; 2e. édit.	2	50
— Suède, par Ch. Coquerel; 2e. édit.	2	50
— Suisse, par Ch. Chastes, 2e. édit.	2	50
— Ecosse, par A. Carrel, 2e. édit.	2	50
— Brésil, par Sr. Denis; 2e. édit.	2	50
— Perse, par Raffenel	2	50
— Russie, par Alp. Rabbe; 2e. édit.	4	
— Indes Orientales, par Mérault	2	50
— Guerres de religion, par St.-Maurice.	2	50
— Juifs Anciens, par Léon Halevy; 2e. édit.	2	50

RÉSUMÉS DE L'HISTOIRE DE FRANCE PAR PROVINCES.

— Guienne, par A. Thierry	2	50
— Lorraine, par Étienne fils	2	50
— Alsace	2	50
— Roussillon, par Léonard	2	50
— Dauphiné, par Laurent	2	50
— Normandie, par L. Thiessé	2	50
— Picardie, par Lami	2	50
— Franche Comté, par Lefébure	2	50